滄海叢刊

大陸文藝新探

周玉山　著

1990

東大圖書公司印行

© 大陸文藝新探

著者　周玉山
發行人　劉仲文
出版者　東大圖書股份有限公司
總經銷　三民書局股份有限公司
印刷所　東大圖書股份有限公司
地址／臺北市重慶南路一段六十一號二樓
郵撥／〇一〇七一七五一〇號
初版　中華民國七十三年四月
再版　中華民國七十九年十一月
編號　E 81043①
基本定價　叁[illegible]元壹[illegible]分
行政院新聞局登記證局版臺業字第〇一九七號

大陸文藝新探
編號　E81043①
東大圖書公司

ISBN 957-19-0640-9（精裝）

自序

中共師承俄共的故技，視文藝爲政治的工具，三十年代如此，八十年代的今天，亦無實質上的不同。當權派自稱在打倒四人幫以後，文藝的春天已然來臨，「百花齊放」的政策也在貫徹。與此同時，却又強調文藝要受馬列主義和毛澤東思想的指導，要考慮「社會效果」，不能反映「社會主義社會的陰暗面」等。在重重的清規戒律下，實在難乎其爲大陸作家了。本書主要卽在探討四人幫以後的大陸文藝，並比較半世紀來中共各時期的有關云爲，期能顯現其眞貌。

中共在魯迅百年誕辰時，曾經熱烈舉辦紀念活動，極盡推崇的表態，但却諱言魯迅所說，文學永遠是批判現實，爲社會做不平之鳴的。這種「寧鳴而死，不默而生」的精神，表現在古今中外許多作家的身上，也被古今中外許多專制的政權所壓制，中共卽爲集大成者。但是作家不可盡辱，作品也無法盡焚，中共數十年來處理文藝問題不得善果，就是因爲一直想扭曲作家的良知，消滅表達的自由，而不記取古今中外迫害文藝者的教訓，所以始終心勞力絀。

十月革命後，盧那查爾斯基寫過一個劇本：「解放了的唐吉訶德」，其中重要的片段曾爲本書所引述，值得在此強調，因爲它也像是大陸上的良知作家，對中共提出的嚴肅宣告：

——現在你們的監獄可裝滿了爲著政見而被監禁的人。你們的那些人，都在流著自己和別人的血。你們有的是死刑和正法，所以，我這個老武士不能不出來反對你們。因爲現在你們是強暴的人，而他們是被壓迫者了。

——我預先告訴你們：我只要看見有被壓迫者，凡是被你們壓迫的，就算是用一種新的正義名目來壓迫的，那我一定要幫助他們，就像以前幫助過你們一樣。

這種「我贊成你們，也反對你們」的態度，可從王實味以降的諸多大陸作家中看出。他們繼承了不平則鳴的中國文學傳統，也表現出爲民請命的知識分子良心。相形之下，本書同時提到若干畏縮的靈魂，如「大陸作家在海外」一文中所述，就更令人失望了。大陸文壇的賢與不肖，已都爲本書所選樣。

本書撰寫期間，承蒙張鎮邦老師督促指正，鄭學稼老師提示重點，玄默老師惠賜高見。書成之際，又蒙三民書局兼東大圖書公司的主人劉振強先生慨允出版，編輯部的王韻芬小姐鼎力相助，在在使我長存感激。

謹以本書，獻給敬愛的雙親。

大陸文藝新探　目次

中共對三十年代作家的「解放」

一、「解放了的唐吉訶德」

臺灣省籍的老作家吳濁流先生，曾在對青年朋友的演講中重複這句話：「拍馬屁的不是文學。」我們從這觀點出發，不難解答如下問題：三十年代的作家與作品，何以受人重視？後來又何以遭受中共的迫害？還有，假如他們被「解放」，「解放」了的是什麼？

任何一篇公正的檢討文字，都不應否認，狄更斯「雙城記」第一段的描寫，和三十年代的面貌是如此相似：最好與最壞、智慧與愚昧、信仰與懷疑、光明與黑暗、所有與全無、天國與地獄、希望的春天與絕望的冬天──一切對立的景象，都到作家眼前來。然而處於那樣一個五花八門的時代，他們的目光和文筆何以經常專注於黑暗？或許那是古今中外作家的共同心態之一──不滿現狀。中國作家尤其在五四運動期間孕育出一種文化的「現代傳統」，以感時憂國的精神，對個人的自由和國家的新生這兩大目標，流露出同樣的關心。三十年代許多作家所以左傾，無非是他們以爲，共產主義在義無反顧地朝著這兩個方向前進❶。他們曾經不遺餘力地寫作和論戰，並有獻身實際革命行動，爲中共打天下立過汗馬功勞的。但那種人道主義的使命感延續下來，對中共的安邦定業却是一種妨礙❷。因爲在野時被彼等寄予無窮希望的中共，奪取山頭後再也無法掩蓋其眞面目。於是在歷屆文藝整風下，他們一一變成被撕的秋扇。等到文化大革命展開，倖存者就屈指可數了。

然而窒息多年之後，他們又復活了，此中緣由如何？

這令我們想起，十月革命後俄國文學家盧那查爾斯基寫的一個劇本：「解放了的唐吉訶德」，它敍述塞凡提斯創造的這位老武士，曾經奮力解救被囚的革命派，可是等到革命成功之後，唐吉訶德又反對那羣爲目的而不擇手段的仁兄。他以「眞理的公使」自命，面告「像上帝的雷電」❸一般的革命派下面幾段話：

「我贊成你們，也反對你們。我是不是擁護王公和他的專制呢？我是不是認爲富人的統治是老天爺決定的，是不能動搖的呢？假如這種壞的秩序值得肅清一下，像我們這樣的地球也的確要肅清。因此要推翻這種秩序，我自然只會高興；可是，有一個條件，就是這種秩序不要推到了地

❶ "C. T. *Hsia: A History of Modern Chinese Fiction*, 2nd Edition, p.510.

❷ 李牧：三十年代文藝論，二八七頁。

❸ 引見鄭學稼：列寧主義國家論之批判，初版自序，四頁。

獄裏去，而要把它的地位讓給天堂。我和你們講話，我是很清醒的，很理智的。我們大家是什麼？在我們面前不斷出現的只是些窮困、兇惡、昏亂的景象。難道我說這是你們不好嗎？你們愛怎麼幹就怎麼幹好了。可是爲什麼你們拿着不中用的材料就動手工作呢？現在這樣的人，還不能够造成尊貴的人類。

現在你們的監獄可裝滿了爲著政見而被監禁的人。你們的那些人，都在流著自己和別人的血。你們有的是死刑和正法。所以，我這個老武士不能够不出來反對你們。因爲現在你們是強暴的人，而他們是被壓迫者了。

我預先告訴你們：我只要看見有被壓迫者，凡是被你們壓迫的，就算是用一種新的正義名目來壓迫的，那我一定要幫助他們，就像以前幫助過你們一樣❹。」

現在，讓我們透過中共的傳播，看看三十年代中國的唐吉訶德們，到了七十年代，在歷經較陳若曦女士更甚的坎難之後，在那個「比世界任何地方更明顯的不公與無義，更醜的虛僞與凌辱」的大陸上，是怎樣被「解放」的。

二、暫時啞口的「漢子」

❹ 瞿秋白文集，第四冊，二一三三——三六頁。

一九五三年一月，胡適先生接受曾虛白先生的訪問時再度指出，在共產黨的統治下，人們不但沒有說話的自由，更重要地是沒有不說話的自由❺。我們印證大陸近年來的事實，益覺此言之不虛。

首先讓我們看看還沒有說話自由的幾個人物，這裏主要指周揚、夏衍和陽翰笙。一九七七年九月三十日，周揚和夏衍在經過多年的消隱後，在北平參加中共的「國慶」活動。此訊先由權威人士告知法新社記者，次日再由中共官方加以證實。新華社把他們的名字和黃克誠、宋任窮、林鐵等列入「還有」的一組，成爲一個三千人名單中敬陪末座的兩個。同年十一月二十三日，香港明報根據相當可靠的消息報導，號稱「四條漢子」的周揚、夏衍、陽翰笙和田漢，除後者已死，前三人都已分別擔任「文化部顧問」的職務，後來又聽說他們任職於「社會科學院」。

周揚從「文藝沙皇」的寶座上摔下來時，罪名不一而足。他出生在湖南益陽，其後與同族的史學家周谷城和小說家周立波，並稱「益陽三周」。文革初期，他們都遭清算鬬爭。

一九三〇年代周揚到了上海，最初擔任「左聯」的黨團書記，其後在中共中央文化工作會任職，兼掌「中國左翼文化總同盟」實權。他自控制「左聯」以來，便與魯迅不和而形成兩派。當時周揚手下的大將除了三條漢子之外，還有徐懋庸、邵荃麟、周而復、周立波等，而魯迅則連絡

❺胡適演講集，下册，五一九——五二〇頁。

了胡風、蕭軍等與之對抗。

延安時期，周揚是毛澤東文藝講話的積極宣傳員，他努力推動「新歌劇」和「工農兵文藝」，爲此頗受毛的賞識。從王實味事件開始的歷屆文藝整風，周揚或見風轉舵，或公報私仇，不過最後自己還是坐進了牛棚。

周揚曾經長期執行毛的文藝政策，黨性堅强，但有時爲配合當時的政治需要，有時因目睹和親歷清規戒律造成的大陸文藝沙漠❻，所以也偶而脫下制服說話，結果不免在文革時落難。毛江派說十幾年來文藝界存在着一條與毛澤東思想對立的反黨反社會主義黑線，「這條黑線就是資產階級文藝思想、現代修正主義的文藝思想和所謂三十年代文藝的結合。『寫眞實』論，『現實主義深化』論，反『題材決定』論，『中間人物』論，反『火藥味』論，『時代精神滙合』論，等等，就是他們代表性論點❼。」這段話攻擊的首要對象就是周揚。一九六六年七月，紅旗正式點名批判他。隨卽有武繼延者爲周揚等定下八大罪狀，包括鼓吹修正主義的「全民文藝」、大搞「資產階級自由化」等❽。次年一月，姚文元還親自出馬，發表了批周揚的專文❾。

❻ 玄默：中共文化大革命與大陸知識份子，一九八頁。
❼ 「高擧毛澤東思想偉大紅旗積極參加社會主義文化大革命」，一九六六年四月十八日，解放軍報社論。
❽ 武繼延：「駁周揚的修正主義文藝綱領」，一九六六年七月十八日，光明日報。
❾ 姚文元：「論反革命兩面派周揚」，紅旗，一九六七年第一期。

關於「寫眞實論」，周揚指出藝術的最高原則是眞實。他强調寫眞實是要「寫缺點、錯誤和問題」⑩。關於反「題材決定」論，一九六一年三月二十六日，文藝報在周揚等人的授意下⑪，刊出了一篇「題材問題」的專論，號召廣開文路，幫助人們認識世界的多樣性。同年八月一日，周揚等發出有名的「文藝十條」，第一條就是反對文藝千篇一律和概念化、公式化的傾向，認爲也需要雖然沒有什麼政治內容，但能給人以生活智慧和美感享受的作品。文藝爲政治服務，應當是百花齊放，不應當是一花獨放。第二條主張鼓勵題材和風格的更加多樣化，認爲文藝切忌劃一和平庸，必須發展不同的流派。第五條要求保證創作時間，主要是減少文藝工作者的體力勞動和社會活動⑫。凡此種種，固爲配合當時「三面紅旗」失敗後的退卻路線，實亦說明了毛澤東文藝政策的窒礙難行。

關於「全民文藝」論，一九五七年周揚根據毛澤東的「雙百」方針，說文藝應爲各種人所接受，「全國人民都是服務的對象，這一點和延安文藝座談會時不同，比那時廣泛了」。關於「創作自由」論，他曾說無條件服從黨的領導這句話，值得考慮⑬；並指責敎條主義束縛了作家、藝

⑩ 周揚：「在大連小說創作會議上的講話」（一九六二年八月九日），紅旗，一九七二年第五期。

⑪ 陳雨蒼：毛澤東思想剖析，下卷，四二二頁。

⑫ 周註⑥，二〇六頁。

⑬ 一九六六年七月十七日，人民日報。

術家的手足⓮。一九六一年二月，他在上海一次座談會上攻擊有的戲把「感謝毛澤東」這句話直接搬出來，「一遍還不够，感謝了三遍四遍」。另外的場合他又說：「無產階級專政廣害，比資產階級專政還可怕！資產階級社會……不滿意，犯了法還可以跑。我們社會組織嚴密，上哪兒跑呀？」「沒地方發牢騷，沒地方上疏，寫在日記上還怕被發現。」「我們今天的社會是有不把人當人的現象⓯」。

周揚充當毛澤東多年的文化錦衣衛，尙且「有話要說」，可見偏狹僵化的教條已經失盡了人心。然而在毛澤東及四人幫紛紛倒落的此刻，走出牛棚的周揚却還只是一個生還者的名字，三個月來不見他發表一字一語，而他原是一個不甘沉默的人。

讓我們再來看看另外兩個同樣沉默的被「解放」者，過去說了些什麼？

夏衍從一九二九年起參加左翼文藝活動，三十年代開始負責劇運，對中共的文化思想工作貢獻頗鉅，在文革前一直擔任文藝官僚。但正如玄默先生說的，夏衍過去一直以爲國民黨沒有創作自由，要在中共統治下才有此種保障。他從事過統戰活動，以爲這就是團結；也認爲文藝應該服從政治，以爲如此才忠於人民。殊不知時移勢易，過去是中共還在野，所以要用美好的言詞去取得知識分子和人民的信任；現在既已奪得政權，一切也就有了新的說法和做法，講團結不再以平

⓮ 一九六六年七月二十七日，人民日報。

⓯ 一九六六年八月十六日，人民日報。

等自願爲基礎，而是利用羣衆去迫人從己，所以要以鬪爭爲主；文藝所服務的政治，則是毛澤東個人的意志和要求。儘管毛是外行，但政治第一，藝術第二，外行指揮內行正是無產階級專政下文藝政策的中心原則。夏衍和其他中共文藝幹部到了自己成爲官僚集團的一分子以後，才眞正了解到這一點，以致在他得意的十幾年間，實際上無時不生活在文藝與政治的矛盾夾縫裏⑯。換言之，夏衍和許多三十年代的作家一樣，他們原本同意政治和藝術相結合，但終究無法忍受自己先前服膺的政治，長期以來竟是藝術的十足虐殺者。

一九五九年七月，夏衍在全國故事片廠廠長會議上說：「我們現在的影片是老一套的革命經、戰爭道。離開這一經一道，就沒有東西，這樣是搞不出新品種來的。我今天的發言就是離經叛道之言。」兩年以後，他又主張領導有號召的自由，作家也有選擇的自由。因爲文藝創作，不是一件容易的事，這是一種精神生產，和物質生產有區分，不像組織熱水瓶或者茶杯生產那樣簡單。勉強、强迫或者憑主觀做決定，在文藝創作上常常是行不通的。「我們不同意劇團領導人憑主觀出題目，用『定題、定人、定時』的辦法來組織創作⑰」。他還指出拾人牙慧，走別人走過的老路，講別人講過多少遍的陳言，是不能稱爲創作的。這些觀點，中共後來說攻擊的對象正是「偉大的毛澤東思想」。於是夏衍也就被宣布爲犯了對毛思想「懷著刻骨仇恨」的大罪。

⑯ 同註❻，二三八頁。

⑰ 夏衍：「題材、主題」，劇本，一九六一年第五、六期合刊。

陽翰笙早於一九二五年就參加中共，成爲左轉後「創造社」的成員。「左聯」成立時他是發起人之一，並繼任黨團書記。當時的地位高於周揚、夏衍與田漢。

陽翰笙長期從事戲劇工作，他的階級立場和黨性原則一直表現得鮮明堅定，六十年代以前也頗能做到謹言愼行⑱。但到了一九六二年三月，他終於無法抑制自己而發表了著名的「十條繩子」論。所謂「十條繩子」，是指中共干涉文藝的十條淸規戒律，包括五個「一定」和五個「不敢」。前者卽「一定要寫重大題材；一定要寫英雄人物、尖端人物；一定要參加集體創作；一定要限期完成；一定要得到領導批准」。後者卽「不敢寫人民內部矛盾，特別是領導與被領導的矛盾；不敢寫諷刺劇；不敢寫悲劇；不敢寫英雄人物的缺點、失敗；不敢寫黨員的缺點、領導的缺點⑲」。由前五條引出後五條，造成作家顧慮重重，下筆難；作品則千篇一律，千人一面。爲了對付這些簡單粗暴的敎條，陽翰笙鼓勵大家鳴鼓而攻之。

一九七七年秋天的消息，告訴我們上述幾個作家尙在人間。然而昔日的鼓聲目前業已息響，他們過去深自懷念的三十年代精神，如今又向何處尋覓？

⑱ 同註❻，三〇五頁。

⑲ 一九六六年十二月二十七日人民日報。

三、歌功頌德的一羣

今天「歌德派」的文人充斥大陸，「族繁不及備載」。此處提到的僅以三十年代即已成名或發跡，而於最近獲得「解放」者爲限。他們之中可以巴金、曹禺、周立波、歐陽山、陳殘雲等人爲代表。

一九七七年七月九日，「中國新聞社」發表該社記者的一篇文章：「訪巴金」。巴金在訪問中敍述了周恩來對他的「關懷」：「我們的好總理，爲了舊知識分子的改造花費了多少心血。」又說：「無產階級文化大革命給了我極爲深刻的教育。我從心底裏接受革命羣衆，包括我的許多熱心的讀者對我的批判和幫助。他們對我的教育，良藥苦口，却能治病。我從舊社會帶來的垃圾，如果不掃除，就會發臭。」文章還說，早在三十年代，巴金就知道張春橋是個不光彩的人物，了解他鼓吹國防文學，也看過江青三十年代在上海演的話劇，聽人講過她的一些底細，還認識姚文元的父親姚蓬子，知道他是個叛徒[20]。

衆所周知，巴金早年是個無政府主義者。他提倡「自由的共產主義」，與强調階級鬥爭的馬列派原來格格不入，但他的作品如「家」等，激發了三十年代青年不滿和反抗的情緒。這些青年

[20] 一九七七年七月十日，香港大公報。

既不能從巴金的作品中找到一條明確的出路，最後就命定地爲中共組織所羅致，這是巴金對中共不期的貢獻㉑。

文革以前，巴金擔任了二十年的紅色宣傳員，也不斷的從事自我檢討，但是仍然難以逃脫批鬬的命運。一九六八年二月二十六日，上海文滙報刊出「揭穿巴金的反革命面目」一文，指控他長期以來抵制毛澤東文藝思想。將近四個月以後，毛澤東縱容的紅衛兵召開「批鬬無產階級專政的死敵巴金電視鬬爭大會」，把他打入了牛棚。

然而，此刻復出的巴金卻在接受訪問時，歌頌「偉大領袖毛主席」，感謝「無產階級文化大革命」。

一九七七年二月出版的「人民文學」，刋出了曹禺的「新詩」：「勝利的奠基」。他先形容毛澤東等的死亡，使他「止不住的抽泣」；然後歌頌「你辦事，我放心」，說是「一句話，光耀天際」，造成他「無比的激動，激動無比」！結尾說要跟著華國鋒「拿起錘，拿起鐮」，「去長征萬里」。

同年五月三十一日，香港大公報刋出一篇「北京通訊」，透露曹禺要寫與四人幫作鬬爭的劇本。他一面調查情況，掌握材料，一面構思，「有時睡夢中也出現劇中人物」。十月十二日，光明日報又發表了他的一篇稱頌「無產階級京劇革命」卻批判江青罪行的文章。十一月十五日，人民日報登出他的歌頌華、葉和鄧小平的信稿。信稿中除了言必稱毛澤東之外，並說：「我們，包

㉑ 同註❻，一七五頁。

括你，也不臭了，香起來了」。

曹禺在中國話劇界享譽甚隆。從三十年代起，他所創作的話劇雷雨等不斷搬上舞臺，使他名噪一時。雷雨的主題淵源於希臘悲劇 Hippolytus，技巧則師承易卜生的「羣鬼」。此中底細，研究西洋文學的人自然不難看出。但三十年代的觀衆對此劇的來龍去脈不會有太多的認識，於是你稱我頌，以爲乃石破天驚之作㉒。正因爲這樣，中央對他極力爭取，大陸赤化後他就成爲黨員。

曹禺在中共取得政權後很少創作，發言也小心謹愼，可是仍然逃不過文革這一關。當時他做院長的「北京人民藝術劇院」裏面的紅衞兵，攻擊「五四以來的優秀劇目」是美化資產階級，鼓吹人性論，宣揚階級調和㉓。從此他無聲無息地消隱了十多年，直到最近才又公開露面。

然而，復出後的曹禺卻學寫新詩，悼念當年發動紅衞兵的毛澤東：「我們怎能沒有你㉔！」

一九七七年第五期的「人民文學」，刋有周立波的散文：「一個偉大文獻」，歌頌毛澤東的延安文藝講話。他說這篇講話是無產階級文藝發展史上的一個里程碑，而且開闢了一個嶄新的時代，將永遠發出燦爛的光輝，照耀著一切革命文藝工作者前進的道路。然後又歌頌以華國鋒爲首的黨中央，認爲無產階級文藝在他們的關懷和領導之下，「一定會重新出現一個百花齊放的春天」。

㉒ 劉紹銘：小說與戲劇，一〇一頁。
㉓ 引見趙聰：三十年代文壇史話，七頁。
㉔ 人民文學，一九七七年第二期，五九頁。

周立波於一九三四年投靠周揚，在「左聯」的出版部門工作，其後以「暴風驟雨」和「山鄉巨變」等小說聞名。夏濟安先生研究後者時指出，該書對農民反抗共產黨的描寫，不但詳盡，而且精細入微，最後農民無可奈何投降的收場，「在周立波處理下，實在是對中共政權下可怕的現實一種更有力的控訴㉕」。

如今，他卻忙著追憶毛澤東「慈祥和藹的笑容」。

一九七七年五月二十三日，歐陽山參加在廣州舉行的文藝工作者座談會，熱情讚頌在「延安文藝講話的指引下，「文藝戰線所取得的豐碩成果」。他指責四人幫「隔斷『講話』和廣大工農兵羣衆、文藝工作者的魚水關係，並封鎖毛主席的革命文藝方向和路線的精神實質，扼殺文學藝術工作者的革命積極性和藝術實踐的願望，他們對中國的革命文學藝術的破壞與損害是極其嚴重的」。他最後表示，要和四人幫鬪爭到底㉖。

十多年前歐陽山被指爲「宣揚資產階級人性論」、「歪曲工人階級的革命形象」的大毒草。他於一九六一年提出對專業作家工作的五點意見，認爲作家是腦力勞動者，不應爲搞清潔衞生等花費太多時間，並建議給予度假避暑的機會，還要求成立「創作之家」，使專業作家創作、生活、學習都得其所。凡此，皆被視爲抵制毛澤東關於「文藝工作者要深入工農兵階級鬪爭生活」

㉕ 引見一九七七年十月二十七日，明報。
㉖ 一九七七年五月二十四日、二十九日，香港大公報。

的訓令，而且違背了共產黨對文藝工作者「參加體力勞動，改造思想」的要求㉗，於是他也被打入了牛棚。

如今，他「心情澎湃，歡欣鼓舞地」讚頌毛澤東。一九七七年六月一日，香港大公報刊出了一篇對三十年代老作家陳殘雲的專訪。在此之前，五月號的「人民文學」也發表了他的歡呼毛選五卷出版，並「狠揭猛批」四人幫，以「迎接百花齊放的更大勝利的春天」新作。他在接受專訪時說：「只要認眞貫徹毛主席的百花齊放、百家爭鳴的方針，文藝創作就一定會得到繁榮。」但接著他又表示，要以毛提出的六條標準來「辨別香花毒草」。

以上所舉諸人的言論，可以做爲享有歌功頌德自由的代表。此外還有大批三十年代前後的作家，如茅盾、冰心、臧克家、沙汀、秦牧、馮至、康濯、黃秋耘、陳登科、李季、田間、卞之琳、葉聖陶、艾蕪、吳組緗、郭紹虞、唐弢等人，或寫詩作文，或開會發言，紛紛歌頌毛澤東和華國鋒，並「憤怒聲討萬惡的四人幫」。他們的文字和語言，展現出當今大陸上自由的尺度和文壇的水平，也爲我們充分刻劃出「穿制服的文學家」之形象。

四、恢復名譽的死魂靈

㉗ 共匪歷次文藝整風眞象，一〇七頁。

最近被中共恢復名譽的已故作家，可舉老舍和田漢做爲代表。

一九七七年十月出版的「人民文學」，刊出了老舍的兩首詩：「昔年」與「今日」，並說明這是他在一九六五年的遺作。十月前後，大陸和香港的中共主要報紙都加以轉載。

第一首詩中有「童年習凍餓，壯歲飽酸辛」，「若無共產黨，荒野鬼爲鄰」等句。方劍雲先生曾爲此詩作註。他指出老舍是旗人，民國成立後旗人因出生卽享有的口糧被取消，平日又無一技之長，生活困苦是可以想像的。老舍童年恰逢鼎革，凍餓可能有之，但這是他們祖先貽謀不善，不能怪「舊社會」。至於「壯歲飽辛酸」則是謊話。老舍壯年之後在大學任教，又是知名作家，總收入相當可觀，否則何有餘裕購藏古玩字畫？這是故意醜化「舊社會」以迎合共黨。但最值一提的是後兩句。世間事就這麼巧，因果報應如影隨形，老舍大作發表後只有兩年便被迫自殺，正是「爲有共產黨，君與鬼結鄰[28]」。由此也印證了第二首詩的無稽：所謂「晚年逢盛世，日夕百無憂」，只是海市蜃樓的奢望而已。老舍在被迫自殺之前若有機會修改原作，應該更此二句爲「晚年逢亂世，長懷千歲憂」。

「中國大陸的陰影」一書作者西蒙．列斯指出，在中國大陸上，自殺常是政治行爲，現在更加用來抗議專橫的權力[29]。不過令我們感慨的是，與世無爭如老舍者，爲什麼在寫了許多劇本歌

[28] 一九七七年十一月二十一日，香港時報。

[29] 金開鑫譯：中國大陸的陰影，一二九——三〇頁。

頌中共之後仍然不得善終？如今死魂靈獲得「解放」，還必須以「歌德式」的遺作打先鋒！

一九七七年十一月二十三日，香港明報根據相當可靠的消息報導，田漢業已獲得恢復名譽。文革期間被指為「叛徒」的田漢，據說過去被國民黨逮捕時曾經寫過悔過書，保證以後不做政治活動。「現在宣布事實眞相，當時畫家徐悲鴻向張道藩說項，保釋田漢。田漢在獄中寫信給徐悲鴻，表示以後不做政治活動，以免連累保人，所以不能算是『叛徒』。當局公布這件事，是替田漢恢復名譽」。但實際上到十二月下旬為止，中共迄未正式公布這件事。這裡將田漢列為獲釋的死魂靈，除據上述的報導外，主要是由「四條漢子」中的生者業已復出而推斷。

田漢於一九六一年寫作劇本「謝瑤環」，宣揚為民請命，結果遭中共猛烈批鬪，文革期間被紅衛兵押解遊街，以致吐血身死。玄默先生認為田漢本質上是一個浪漫主義的抒情詩人，無論怎樣「鍛鍊」，也不可能成為死硬的階級鬪爭工具。他擔任十幾年的「戲劇界祖師爺」，看似馴服得意，但另一方面却有許多言行暴露了他內心的失望、不滿與疑懼。到了三年饑饉來臨，他抑壓多年的情緒受到慘酷現實的衝擊，也就不可遏制地發出控訴來㉚。他借古喩今，直指民怨沸騰，無以維生，使得「三面紅旗」失敗後的毛澤東，感到他自己就是被譴責的武則天，於是田漢的收場正像他對謝瑤環的安排：為民請命者以悲劇終結，獨留青塚在人間！

然而，他死魂靈的解放，不是對毛澤東死魂靈的一項諷刺嗎？他把舞臺上千人一面、千口一

㉚ 同註❻，二七八——七九頁。

調的「工農兵英雄」，指爲「不成熟的、畸形的產物」，不正是對當今歌德派所歡欣讚頌「文藝講話」的當頭棒喝嗎？

趙滋蕃先生在「半下流社會」一書中的名言，可代表我們對大陸上三十年代作家的觀感：「勿爲死者流淚，請爲生者悲哀！」

五、文藝的春天眞會出現嗎？

前面提及享有歌功頌德自由的一羣，在紛紛高唱「形勢大好」之餘，無不痛詆四人幫摧殘文藝。他們的言論可以茅盾爲樣板。茅盾在文革時期有驚無險，多年來仍在公開場合露面，過去也常與四人幫同起同坐。現在他發表專文：貫徹『雙百』方針，砸碎精神枷鎖」㉛，指控四人幫爲了篡黨奪權的需要，大肆污衊中共政權建立以來的文藝戰線；如今粉碎四人幫，文藝得解放，「但其流毒不容低估」。並宣稱當前的任務是運用馬列主義與毛澤東思想做爲武器，堅決打倒「文藝黑線專政論」，而要達此目的，首先必須堅持貫徹毛澤東的「百花齊放、百家爭鳴」方針。

問題是：到底是誰扼殺了這個方針？現在大陸上的輿論衆口一詞，說是「四人幫」惹的禍。事實果眞如此嗎？

㉛ 一九七七年十一月二十五日，人民日報。

毛澤東在延安文藝講話中說：「在現在世界上，一切文化與文學藝術都是屬於一定的階級，屬於一定的政治路線的。爲藝術的藝術，超階級的藝術，和政治並行或互相獨立的藝術，實際上是不存在的。」這就說明了政治要控制藝術，藝術必須爲政治服務。接著他引列寧的話指出，無產階級文藝是無產階級整個革命事業的一部份，是整個革命機器中的齒輪和螺絲釘。因此，「黨的文藝工作，在黨的整個革命工作中的位置，是確定了的，擺好了的，是服從黨在一定革命時期內所規定的革命任務的」。這樣的一條文藝路線，先天註定了貫徹「百花齊放、百家爭鳴」是不可能的。

果然，一九五七年毛澤東親口允諾的「雙百」方針，不久卽證明是引蛇出洞的「陽謀」。他在中共省市委書記會議上就說：「百家爭鳴有好處，讓那些牛頭蛇身鬼子王八都出來。各省要注意，對重大的成熟的問題，以一個人爲主，組織一些人寫文章，準備一個月寫一篇，把邪氣迫下去㉜。」事實上毛澤東導演了三部曲：一放，二收，三整。他馬上按圖索驥，展開「反右派鬪爭」，知識分子便只好紛紛「向人民認罪」。林語堂先生就曾經這樣問過：「毛先生，你的花園怎樣了㉝？」這是毛澤東永遠無法好好答覆的問題。

㉜ 毛澤東：「在省市委書記會議上的講話（滙集）」（一九五七年一月），收入「毛澤東思想萬歲」，一九六九年版，七九頁。
㉝ 林語堂：語堂隨筆，志文版，二四二頁。

五十年代的史實，說明了「百花齊放、百家爭鳴」不過是一場春夢。如今中共把萬惡都推給四人幫，却忘記了二十年前這項「雙百」方針提出時，四人幫根本還沒有爬上政治舞臺，扼殺這項方針的正是毛澤東本人。六十年代的文革亦其傑作，在他一手栽培與縱容下的四人幫，如今落此下場，除了應驗孟子所說「不推恩不足以保妻子」之外，更證明了毛澤東思想不過是索忍尼辛筆下的「臭襯衫」。但是中共新的領導階層却仍舊在執行「政治第一，藝術第二」的政策，强調在文藝批評上，要對作品做細緻的調查研究和具體的分析；對於「反軍、亂軍、反黨、反社會主義的毒草」，「必須進行嚴肅的批判鬪爭㉞」。在這樣的要求下，新近推出的作品自然脫離不了「革命經和戰爭道」；重新出版的老書也要加上按語，指陳不合時宜，要讀者善自判斷。例如巴金就在「家」的重印後記中檢討：「我的作品已經完成了它們的歷史任務，讓讀者忘記它們，可能更好一些。」又說：「像這樣的小說當然有這樣或者那樣的缺點。我承認：我反封建反得不徹底，我沒有抓住要害的問題，我沒有揭露地主階級對農民的殘酷剝削，我對自己批判的人物給了過多的同情，有時我因爲個人的感情改變了生活的眞實，……等等、等等㉟。」這樣卑微的自我貶抑，肇因於三十年代文學與延安文藝講話以後工農兵文學的分野：前者從寫實主義出發，把宣揚人類的同情和博愛，及與社會黑暗勢力作鬪爭，列爲當務之急；後者卻以攻取山頭、鞏固政權

㉞ 引見當前共匪文藝工作動向，第二次文藝會談報告，一三頁。

㉟ 一九七七年十一月十三日人民日報。

爲目的，所以必須受黨的嚴密控制，除了歌頌自己和詛咒敵人之外，作者不可能有描寫人類眞實感情的自由㊱。因此，兩者不但互相衝突，前者還是後者所要消滅的對象。

由此可見，中共對老作家的「解放」，不過是爲了政治上的需要而重新加以利用。所以規定他們：「首先要强調寫粉碎『四人幫』鬪爭的題材，寫歌頌毛主席和老一輩無產階級革命家偉大革命實踐的題材，寫歌頌英明領袖華主席的題材，還要寫社會主義時期的題材，寫階級鬪爭和路線鬪爭的題材，寫農業學大寨、工業學大慶的題材，寫歌頌文化大革命和歌頌社會主義新生事物的題材，以及革命歷史題材㊲。」這就是中共「大力加强和繁榮文藝創作」的途徑。聽說這樣寫下去，就是「百花齊放、百家爭鳴」，就可以看到「文藝的春天」！三十年代的作家啊，爲什麼從一九四九年「解放」至今，你們沒有產生過像樣的作品？如今二度「解放」，也許有晚景尙佳之感，但當年夜醒來，回首前塵，是否對「新階級」許諾出現的大花園，在心頭問一聲：「那將會是眞的嗎？」

㊱ 一九七七年五月二十四日，香港大公報。

㊲ 夏志淸：文學的前途，三二——三三頁、三七頁。

中共對四人幫文藝觀的批判

一、前言

四人幫下臺已久，大陸報刊仍然連篇累牘在每一部門展開對他們的批判，各地也持續不斷地發動「憤怒的聲討」。中共文化部理論組特別指出，文藝界是四人幫插手最深、控制最嚴、危害最大的領域。「他們在文藝界整整經營了十年，流毒是很深的」。中共承認這種思想上的流毒還未肅清，還在束縛着「一些同志」。因此爲達成社會主義文藝的根本任務，必須加以批判，不能讓它們自由泛濫。「香花和毒草一時鑒別不清，怎麼辨？要通過羣衆性的討論和實踐的檢驗去解決。判斷精神領域的現象，往往需要時間[1]。」這就是四人幫雖然早已被捕，中共當權派仍熱衷於攻擊他們的原因。共產黨人深深明瞭，意識型態的鬪爭要長期進行，思想改造的工作更需日日

[1] 文化部理論組：「認眞調整黨的文藝政策」，一九七八年六月十三日，人民日報。

為之。無怪乎大陸上的傳播媒體對四人幫的批判，雖然已達飽和，卻樂此不疲。

年來中共對四人幫文藝路線的批判，主要集中於揭批「文藝黑線專政論」。我們遍讀中共發表的文字，發現一項有趣的事實，就是它口口聲聲根據毛澤東的言行來攻擊四人幫，並且強調這場鬥爭的意義遠遠越出了文藝的範圍，「這是一場保衛毛主席革命路線，保衛毛主席偉大旗幟的鬥爭，是一場保衛社會主義，保衛無產階級專政的鬥爭❷」，卻不敢根據毛澤東提出的「百花齊放，百家爭鳴」方針，讓四人幫有個公開答辯的機會，讓大家評判到底是誰在「保衛」毛澤東的「革命路線」。

四人幫的興起原得力於毛澤東，這是稍瞭解中共歷史者都知道的事實。一九六三年十二月，毛澤東頒布「關於文學藝術的第一個批示」，認為各種藝術形式——戲劇、曲藝、音樂、美術、舞蹈、電影、詩和文學等等，都有不少問題，社會主義改造在許多部門中收效甚微，迄被「死人」所統治，「許多共產黨人熱心提倡封建主義和資本主義的藝術，卻不熱心提倡社會主義的藝術」。次年六月，他更直斥當時的文藝領導機構和文藝工作者不執行共黨政策，跌到了修正主義

❷ 文化部理論組：「一場捍衛毛主席革命路線的偉大鬥爭——批判『四人幫』的『文藝黑線專政』論」，一九七八年一月十日，光明日報。亦見於紅旗雜誌，一九七八年第一期。

的邊緣。可是，彭眞——陸定一——周揚這一條領導線❸並沒有好好地貫徹這些指示，鄧小平也對毛的指示置之不理。在衆叛親離之下，毛澤東只得讓江青到文藝界開展廣泛的活動。江青於是進行改編「現代京劇」，在內容上儘量神化所謂「毛澤東思想」。

一九六六年二月，江青在上海主持「根據林彪同志的委託」召開的「部隊文藝工作座談會」。她於會後寫了一份「紀要」，經毛澤東三次親自審閱和修改才定稿❹，所謂「文藝黑線專政論」即由此提出。今天中共以批判四人幫的該項論點來「捍衞」毛澤東的文藝路線，實在矛盾。

江青在紀要中指出，大陸文藝界於中共政權建立以來，被一條與毛澤東思想相對立的反黨反社會主義的黑線專了政，它是資產階級的文藝思想、現代修正主義的文藝思想和三十年代文藝的結合。「我們一定要根據黨中央的指示，堅決進行一場文化戰線上的社會主義大革命，徹底搞掉這條黑線。搞掉這條黑線以後，還會有將來的黑線，還得再鬥爭。所以，這是一場艱鉅、複雜、長期的鬥爭，要經過幾十年甚至幾百年的努力」。

今天中共認爲，在文藝和文學教育戰線上，四人幫的「文藝黑線專政論」遺毒甚深。爲了打好這場揭批戰，文化部舉辦過「骨幹學習班」，參加的有該部各司局及所屬劇團、製片廠、藝

❸ 彭眞時任中共中央書記，主管「政法戰線」，知識分子的工作歸其領導。彭下面的中宣部長陸定一專門負責宣傳系統，陸手下的副部長周揚爲文藝界的主管。引自丁望：江青簡傳，第九頁，香港當代中國研究所出版，一九六七年九月初版。

❹ 見「林彪同志給中央軍委常委的信」，收入江青同志論文藝，第三頁，一九六八年五月出版。

術院校等單位的負責人兩百名。他們列舉了四人幫在「黑線專政」口號下提出的「謬論」如左：

㈠四人幫編造了一個「空白論」。江青說：「無產階級自巴黎公社以來，都沒有解決自己的文藝方向問題。自從一九六四年我們搞了革命樣板戲，這個問題才解決了。」中共當權派說「四人幫」此舉是爲篡黨奪權製造輿論。

㈡四人幫對抗毛澤東提出的文藝爲工農兵服務的根本方向，打着「塑造無產階級英雄典型是社會主義文藝的根本任務」的旗幟，把塑造所謂「頭上長角，身上長刺」、「與走資派作鬪爭」的野心家和陰謀家，做爲文藝的根本任務。中共當權派認爲這就從根本上改變了毛澤東的文藝方向，改變了無產階級文藝的性質和任務。

㈢「四人幫」對抗毛澤東提出的「百花齊放、百家爭鳴」的方針，推行資產階級的文化專制主義，公然表示：「百家爭鳴，一家作主，最後聽江青的。」他們利用文化部門的領導權，扼殺革命文藝作品，取消題材、體裁、形式、風格的多樣性，否認藝術創作的獨創性，把數以萬計的大陸各地方劇種和民歌、曲藝、話劇、歌劇、漫畫、山水畫、抒情歌曲、報告文學、傳記影片等藝術形式，全都加以排斥，任意宣判「死刑」。

㈣四人幫對抗毛澤東提出的「古爲今用，洋爲中用」、「推陳出新」的方針，全盤否定中外的優秀文化遺產，連馬列主義經典作者所肯定的作家、作品和文藝理論家都被徹底否定。「他們用虛無主義和實用主義，破壞批判地繼承中外文藝遺產，竭力阻撓社會主義文藝事業的健康發展」。

㈤四人幫對抗毛澤東提出的「革命的現實主義和革命的浪漫主義相結合」的創作方法，砲製了「三突出」的創作原則，要求一切形式的文藝作品都要按照這種模式進行創作。中共現在視此模式爲「四人幫」扼殺革命文藝的一把刀子，「是他們陰謀篡黨奪權、顛覆無產階級專政、復辟資本主義的工具」。

㈥四人幫對抗毛澤東關於發展文藝批評的指示，利用他們控制的輿論工具，實行法西斯專政。「他們假借文藝批評的名義，大搞文化專制主義，大搞『一言堂』，大開鋼鐵工廠、帽子工廠，顚倒敵我，混淆是非，打擊革命文藝工作者，扼殺革命文藝作品，把文藝批評這塊陣地，搞得死氣沉沉，眞正的馬克思主義的文藝批評幾乎絕跡」。

㈦四人幫在「重新組織文藝隊伍」的口號下，實行「打倒一切」，把廣大革命文藝工作者都當做「叛變了」、「爛掉了」、「修透了」的「黑線人物」打下去；同時培植親信，散布種種毒素，腐蝕、蒙蔽文藝工作者爲他們服務。

㈧四人幫破壞黨對文藝工作的領導。他們把自己凌駕於毛澤東和黨中央之上，煽動「踢開黨委鬧革命」，實行以幫代黨，企圖把文藝陣地變成他們的「幫天下」。

以上八條罪狀❺，有五條以「四人幫對抗毛澤東」起首，這是一個多麼大的諷刺。現在我們詳細檢視中共發表的其他較具說理的文字，申述當權派對四人幫文藝觀的進一步批判。

二、對文藝「空白」論的批判

中共現在認爲四人幫鼓吹的文藝「空白」論，是「文藝黑線專政論」的補充和發展，是他們陰謀文藝武庫中的又一個重要武器。除了江青曾說「無產階級從巴黎公社以來，都沒有解決自己的文藝方向問題」外，張春橋也表示從「國際歌」到樣板戲，其間是一個「空白」。中共對此加以批判，認爲是完全違背馬克思主義和違背史實的。

中共強調文藝是階級鬪爭的前哨，在無產階級革命運動興起和發展的過程中，文藝一直起着不可忽視的作用。十九世紀三、四十年代，無產階級登上政治舞臺後，就拿起了文藝這個武器❻。一八七一年巴黎公社成立，出現了巴黎公社文學，代表人物是歐仁・鮑狄埃，代表作是他的「國

❺「列罪狀、揭實質、查危害、說表現——文化部舉辦骨幹學習班，從八個方面揭批『四人幫』反對毛主席文藝路線的滔天罪行」，一九七七年十二月三日光明日報。

❻中共指出，當時英國出現了憲章派文學運動，產生了一批揭露和控訴資本主義的詩歌。恩格斯在英國工人階級狀況一書中，引用了憲章派的「蒸汽王」一詩，稱讚「它正確地表達了工人中的普遍的情緒」。在德國，被恩格斯稱爲「德國無產階級第一個和最重要的詩人」維爾特，曾在馬克思主辦的新萊茵報上發表了許多「戰鬪性很強」的作品。在西里西亞織工運動中，出現了許多工人的戰歌。馬克思曾經贊揚「血腥的屠殺」這首歌「是一個勇敢的戰鬪的呼聲」，「無產階級在這支歌中一下子就毫不含糊地、尖銳地、直截了當地、威風凜凜地厲聲宣布，它反對私有制社會」（馬克思恩格斯全集第一卷四八三頁）。在馬克思的直接幫助和影響下，德國詩人海涅也參加過當時的無產階級文藝運動，寫了「西里西亞織工之歌」。

際歌」❼。到了十九世紀末及本世紀初，革命風暴的中心移至俄國，無產階級文藝運動也進入一個新階段。一九〇五年，列寧在「黨的組織和黨的文學」一文中，首次提出了「黨的文學」的口號，指出文藝應爲整個革命機器的「齒輪和螺絲釘」，應接受黨的領導和監督。在列寧的領導和關懷下，一九〇六年，高爾基的代表作「母親」問世❽。十月革命成功後，出現了大批的無產階級作家，創作出大量的小說和詩歌，如富曼諾夫的「恰巴耶夫」，綏拉非莫維支的「鐵流」，法捷耶夫的「毀滅」和「青年近衞軍」，奧斯特洛夫斯基的「鋼鐵是怎樣煉成的」等小說，以及馬雅可夫斯基的長詩「列寧」等。中共現在指責四人幫鼓吹「空白」論，是完全否定列寧、史達林時期的蘇聯文藝，與今日的「蘇修」在本質上屬於「一丘之貉」。

中共又認爲，以五四爲起點的中國革命，是在十月革命的影響下發生的。五四以後的中國新文化，是「世界無產階級的社會主義的文化革命的一部分」。魯迅的「吶喊」和郭沫若的「女神」，被視爲「像號角一樣的戰鬥呼聲」，惲代英、鄧中夏等也闡發了革命文學的主張。二十年代末，創造社和太陽社正式提出了「無產階級革命文學」的口號。魯迅和其他作家在學習和宣傳馬

❼ 列寧稱讚鮑狄埃「是一位最偉大的用歌做爲工具的宣傳家」，頌揚「國際歌」是「全世界無產階級的歌」，是「一個非人工所能建造的眞正的紀念碑」。（列寧選集第二卷四三四、四三五頁）

❽ 列寧對高爾基的評價極高，讚揚他「用他的偉大的藝術作品把自己同俄國和全世界的工人運動結合得太牢固了」（列寧全集第十六卷一〇一至一〇二頁），爲「無產階級藝術的最傑出的代表」（列寧全集第十六卷二〇二頁）。

克思主義文藝理論；茅盾的「子夜」被稱頌爲文學創作的巨大收穫。在左翼文藝影響下，巴金、老舍、葉紹鈞、曹禺等也寫出了重要作品。抗戰爆發後，革命文藝工作者更是深入戰地，「文章入伍，文章下鄉」，創作了大量的抗戰文藝。因此，三十年代的文藝運動「主流是好的，成績是主要的」。中共認爲四人幫抹殺五四以後無產階級文藝運動的成績，詆譭三十年代的革命文藝，是和毛澤東大唱反調⑨。而其目的，是要把一大批革命老幹部打成走資派⑩。

毛澤東在延安文藝座談會上的講話，提出「文藝必須爲工農兵服務」的方針，中共認爲它進一步解決了無產階級文藝的方向問題。「解放區」文藝蓬勃發展，羣衆性的文藝運動廣泛展開。新秧歌、街頭劇、快板、民歌、小演唱等各種文藝形式十分活躍。這類作品的代表作是歌劇「白毛女」、詩歌「王貴與李香香」、小說「暴風驟雨」等；京劇「逼上梁山」則被推崇爲舊劇革命的開端。中共現在認爲，這是對四人幫文藝「空白」論的一個有力駁斥。此外，中共又把毛澤東寫的數十首詩詞當做「革命的政治內容與完美的藝術形式相統一的崇高典範」，是「偉大史詩」、「戰鬥號角」和「雄偉高峰」。朱德、董必武、葉劍英和陳毅等的詩詞也被視爲是「無產階級的藝術珍品」，它們都被「四人幫」所漠視。後者現在因此博得了「反動」和「猖狂」的罪名。

⑨ 中共湖北省委大批判組：「無產階級文藝運動的歷史永放光輝——批判『四人幫』的文藝『空白』論」，紅旗雜誌，一九七八年第二期。

⑩ 嚴文井：「『文藝黑線專政』論與陰謀文藝」，人民文學，一九七七年第十二期。

大陸變色後的文藝，四人幫也多所批評。一九六七年五月，在紀念延安文藝講話發表二十五週年時，陳伯達、姚文元等相繼發言，表示「講話」發表之前，資產階級文藝路線長期在黨內佔統治地位；「講話」發表之後，反革命修正主義分子一直控制了大陸許多文藝部門⓫。文革前十七年的文藝戰線，也被四人幫指為「羣魔亂舞，毒草叢生」⓬。中共現在將這十七年文藝領域中出現過的錯誤傾向，歸諸「劉少奇修正主義路線的干擾破壞和資產階級的多次進攻」，因此存在着兩個階級、兩條路線的激烈鬪爭。但是強調毛澤東的文藝路線始終佔着領導地位，無產階級文藝運動的主流「一直是健康的」，老作家「青春煥發」，青年作家「朝氣蓬勃」，工農兵業餘文藝工作者「成批湧現」，創造出大量無愧於時代的作品。所以，四人幫的文藝「空白」論是「謠言」和「詭辯」。中共更將四人幫與胡風集團相提並論。胡風曾批評毛澤東的「講話」是屠殺生靈的圖騰，指責中共的文壇是由僵屍統治，「沒有一塊乾淨的土地」。這種勇者的呼聲原為四人幫所痛惡，如今中共却將雙方強行配對。

中共現在又表示，馬克思主義要求對歷史上的文藝現象進行階級的、歷史的、辯證的分析，既要根據歷史的環境和條件，從整體上看它代表的是那個階級的呼聲，在歷史上起過什麼作用，又要一分為二地分清它的主流與支流、成績與缺點，不可一概否定，也不可一概肯定⓭，而應採

⓫ 同註❷。
⓬ 同註❾。

取「批判繼承」的態度。「對歷史、包括無產階級革命文藝發展的歷史，採取否定一切的虛無主義態度，是完全反馬克思主義的」。所以，製造文藝「空白」論的四人幫，被「證明」是馬克思主義的死敵。

三、對「題決材定」論的批判

四人幫在文藝創作方面鼓吹的「題材決定」論，現在也被指爲反馬克思主義。中共指控，「題材決定」論在實踐上是對抗「百花齊放」方針，爲「四人幫」的陰謀文藝和政治綱領服務⑭。

中共依然強調，在階級社會中，各階級對文藝作品的評價，總是把政治標準放在首要地位。文藝作品的階級傾向性，通過貫串在作品中的主題思想表現出來。主題思想是一部作品的靈魂，它的正確與錯誤、深刻與膚淺，是文藝作品成敗優劣首要的、具有決定意義的條件，而它是通過

⑬ 中共現在表示，在肯定一百多年來無產階級文藝取得的成績，肯定「它的主流是好的健康的」同時，馬克思主義者並未忽視它在發展過程中曾經存在過某些缺點和錯誤。他們引列寧語指出：無產階級「不是臆造新的無產階級文化，而是根據馬克思主義世界觀和無產階級在其專政時代的生活與鬪爭條件的觀點，去發揚現有文化的優秀典範、傳統和成果」。（列寧論文學與藝術，第二册六〇九頁）

⑭ 顧驤：「駁『四人幫』的『題材決定』論」，一九七八年一月二十一日，光明日報。

一定的藝術形象展現出來的⑮。

至於文藝作品的題材，則是作者從生活中選取來的創作材料。主題思想是從題材中提煉、發生出來的，題材對主題思想有一定的制約作用。生活是有差別的，從生活中選取的題材也並非都有同樣的意義。中共以此反對胡風的「題材無差別」論，並且認爲應該把「描寫工農兵鬪爭生活的重大題材」，做爲文藝創作的主流⑯。

中共承認題材問題是重要的，但表示不能強調到具有決定性的地位。題材和主題的關係，被視爲對立統一的辯證關係。「它們有着統一的一面，又有矛盾的一面。同一題材，在不同作者的筆下，可以引出不同的主題，甚至完全相反的主題」。因此，中共認爲同樣是寫教育革命的題材，既有「園丁之歌」那樣的「香花」，也有「反擊」那樣的「毒草」。近年復出的林默涵，也舉魯迅的小說「傷逝」和胡適的劇本「終身大事」爲例，指出這兩個作品的題材大致相同，都是寫五四前後青年男女要求婚姻自由的故事。但「傷逝」表現了婦女在未獲得政治經濟上的解放之前，婚姻自由只是一個幻想而已，子君卽使走出了家庭的舊牢籠，依然走不出更大的社會舊牢籠。

⑮ 中共在此引述恩格斯的一段話：「情節大致相同的同樣的題材，在海涅的筆下會變成對德國人的極辛辣的諷刺；而在倍克那裏僅僅成了對於把自己和無力地沉溺於幻想的青年人看做同一個人的詩人本身的諷刺。」從而，海涅所表現的主題是「以自己的大膽激起了市民的憤怒」，而倍克在同樣題材中表現出來的主題，「則因自己和市民意氣相投而使市民感到慰藉」。（「詩歌和散文中的德國社會主義」，馬克思恩格斯全集，第四卷第二三六頁）

⑯ 林默涵：「關於題材」，人民文學，一九七八年第二期。

而「終身大事」中的田女士，則心滿意足地坐上陳先生的汽車，一走大吉。前者被林默涵指爲揭示了婚姻與整個社會關係的聯繫，以及揭示了小資產階級夢想的破滅，後者則「只是販賣令人作嘔的小市民的庸俗樂觀而已」⑰。

中共認爲根本的問題，是作家的世界觀。「題材決定」論被視爲完全顚倒了題材與世界觀的關係，把題材當做在整個創作過程中起決定作用，是從根本上否定了世界觀對作家進行創作的指導和統帥作用。「每一滴露水在太陽的照耀下都閃耀著無窮無盡的色彩」，中共說此處所謂的太陽，就是作家的思想光輝；無論何種題材，「只要投以馬克思主義思想的陽光，都能顯示出它的意義。沒有陽光的照耀，大海也不會有光彩」。不過，露珠和大海畢竟有別，文學藝術應當着重表現重大的題材。但「應當」是一回事，能不能寫又是一回事。中共現也承認，作家永遠只能寫他所熟悉的東西，不熟悉的東西不可能寫好。而熟悉的不一定有意義，有意義的却又不熟悉。因此，「與其簡單地要求作家寫重大鬪爭的題材，不如引導、鼓勵和幫助作家們深入到火熱的重大鬪爭中去」⑱。

中共現又試圖說明，寫重大題材與題材多樣化並非不相容。「重大題材本身就是豐富的、多

⑰ 羅曉舟：「『題材決定』論與陰謀文藝」，人民文學，一九七八年第二期。

⑱ 同註⑯。

樣的⑲」。另一方面，重大題材應被提倡，非重大題材也不應排斥，因爲有些題材看來似小，假如作者能够從中「揭示出矛盾的本質，發現它廣泛的社會意識，展現出引人深思的主題思想，也同樣可以起到革命文藝的戰鬥作用」。此外，「題材決定」論曾以批判寫「家務事、兒女情」爲名，否定文藝作品中關於愛情的描寫，中共認爲這是不應該的。因爲在階級社會中，婚姻和愛情的矛盾糾葛，「往往和社會階級鬥爭扭結在一起的，階級鬥爭也是以不同形式滲透到婚姻愛情領域中來的」。因此，只要不是把愛情寫成超級的愛情至上，不是把愛情的糾葛游離於三大革命運動（按指階級鬥爭、生產鬥爭和科學實驗）之外，而是「以無產階級世界觀作指導，挖掘人們在愛情問題上表現出來的高尙情操，鞭笞在愛情問題上反映出來的封建階級、資產階級的思想作風」，這樣的作品，對人們——特別對青年，是有敎育意義的。

四人幫在題材問題上的另一罪狀，就是他們說只要選對、選準了題材，就決定了作品的價值。如何選對、選準呢？就是要從路線出發。中共現在表示，路線是觀念形態的東西，文藝亦然。後者只能從生活出發，通過典型形象的塑造，來揭示和反映現實生活的本質規律。「革命的文藝要

⑲ 同註⑭。中共在此又認爲題材要多樣化，「首先就是指重大題材本身應從各個角度多方面地去表現。例如魯迅在談到寫抗日戰爭的題材時說：「民族革命戰爭的大衆文學決不是只局限於寫義勇軍打仗，學生請願示威……等等的作品。這些當然是最好的，但不應這樣狹窄。它廣泛得多，廣泛到包括描寫現在中國各種生活和鬭爭的意識的一切文學。」（魯迅：「論現在我們的文學運動」，收入且介亭雜文末編）

宣傳正確路線，為正確路線服務，但決不能從路線出發，把某種路線做為創作的源泉」。最後，中共指責四人幫不僅給文藝規定了唯一的題材，還規定了唯一的處理方法：「走資派」必須是「民主派」，「英雄」又必須「同十七年對着幹」，主題必須是「新桃換舊符」。這樣，「題材決定」論就變成「題材唯一」論、「人物劃一」論、「一個主題」論了⑳。

四、對「三突出」論的批判

「三突出」的創作原則㉑，曾被稱為江青指導文藝革命的核心理論，無產階級文藝創作的根本原則，毛澤東文藝路線的具體體現等。中共現在指控，「三突出」只許四人幫的「幫花」獨放，

⑳ 同註⑰。

㉑ 這個原則最初是「北京電影製片廠『智取威虎山』攝製組」提出來的，他們對有關還原舞臺和高於舞臺的一系列問題做了分析，認為其中最主要的、起決定性作用的，是「塑造無產階級的英雄形象」，而塑造之道即「三突出」。他們又認為朝這方面努力是最重要的，應充分調動電影藝術的各種手段，滿腔熱情，千方百計地把無產階級英雄形象塑造得更加高大，更加突出，更加完美。「三突出」原則提出以後，四人幫更進一步宣揚說，塑造無產階級英雄形象是社會主義文藝的「根本任務」；而從樣板戲創作實踐中總結出來的「三突出」原則，為這一任務的完成提供了理論根據。假如違背了這個原則，「就一定會減損破壞以至淹沒主要英雄形象的光輝」。以上引見紀馥華：「評四人幫文藝觀」，香港抖擻雙月刊，第二十期，一九七七年三月出版。筆者認為凡此論點，皆可視為江青「二月紀要」中所說「創造典型人物」的延長。

違背毛澤東提出的「百花齊放、百家爭鳴」的文藝方針㉒。

所謂「三突出」，就是「在所有人物中突出正面人物，在正面人物中突出英雄人物，在英雄人物中突出主要英雄人物」。中共認爲按照這個定義，每一作品必須有四種人物——反面人物、正面人物、英雄人物、主要英雄人物，缺一不可。四人幫及其親信以此做爲無產階級文藝創作必須遵循的普遍原則，對一切形式的文藝創作都具有普遍的指導意義。「這樣一來，有些文藝品種，例如表現祖國江山多嬌的風景詩畫，沒有人物，怎麼來搞『三突出』？單人雕像、畫像和獨舞等，怎樣陪襯？暴露敵人的諷刺作品，只有反面人物，又突出誰呢㉓？」中共還認爲，「三突出」絞殺了漫畫和諷刺詩，使得雜文、抒情散文、遊記、山水畫等也奄奄一息，相聲等形式亦瀕於死亡。

「三突出」主張第一號人物都要「高大完美」。中共現在表示，這就等於不容許文藝作品塑造各種各樣的「英雄人物」和「先進人物」，就是要作者強行把這樣的人物無限提高，使之成爲脫離現實、無血無肉的「超人」。而且，「三突出」不允許寫「先進人物」的成長過程，不允許寫別人的幫助，否則就要犯禁，起點就「低」，不够「高大完美」，失去當「一號人物」的資格，甚至被說成「中間人物」了。中共認爲，以成長中的「英雄」充當作品主角，對讀者也有敎育作

㉒ 解勝文：「『三突出』是修正主義的創作原則」，人民文學一九七七年第三期。
㉓ 朱穗：「扼殺革命文藝的絞索」，人民文學一九七七年第三期。

用。例如受到列寧稱讚的高爾基的「母親」，主角尼洛芙娜就是一個由不反抗到自發反抗，最後變成自覺革命的婦女。「白毛女」的女主角也並非自始就「高大完美」，就有「高度的階級鬥爭和路線鬥爭覺悟」，而是在別人的幫助下，最後參加了武裝隊伍的㉔。

中共還認爲，在現實生活中，特別是在一場較大的鬥爭中，往往有兩個或兩個以上的英雄人物同時出現，各有所長。例如「沙家濱」中，郭建光的地位重要，是着力描寫的對象，但阿慶嫂的戲也不比他少，「鬪智」、「授計」、「斥敵」等幾場重戲都是她的。此外，有些作品根據題材和體裁本身的特點，如魏巍的報告文學「誰是最可愛的人」，就不只寫兩個英雄人物，而是塑造了多個。

中共現在強調，要塑造好「無產階級英雄」的形象，必須深入生活、認識生活，從生活中獲取大量的創作素材，遵循毛澤東提出的「革命的現實主義和革命的浪漫主義相結合」的創作方法，然後才能進入創作過程，才可能使自己所反映的生活和表現的人物更理想，更具典型性。因此，塑造典型要來源於實際生活，「這是堅持唯物論的反映論還是搞唯心論的先驗論的原則問題」㉕。「革命的現實主義和革命的浪漫主義相結合」的創作方法，現在中共宣稱是「最先進、最科學、最正確」的創作方法㉖，「三突出」也被視爲和這個「兩結合」相對抗。中共說「兩結合」

㉔ 同註㉓。
㉕ 思忖：「塑造典型必須從實際生活出發」，人民文學，一九七七年第三期。
㉖ 同註㉒。

的創作方法，是以馬克思主義的哲學——辯證唯物主義和歷史唯物主義做爲自己的指導思想。它要求革命的文學家和藝術家運用馬列主義和毛澤東思想，觀察、體驗、研究、分析社會生活，洞察事物的本質，掌握事物的發展規律，在文學藝術作品裏，把革命的理想與革命的現實統一起來㉗。對於現實主義，恩格斯的解釋是：「除細節的眞實外，還要眞實地再現典型環境中的典型人物。」它要求通過典型化的手段，概括現實生活中已存在事物的本質特徵，着重在對生活本來面目的反映。至於革命的浪漫主義，基本精神是革命的理想主義；或者可以說它是革命的理想主義在創作方法上的體現。它當然也要包括一般浪漫主義的特徵，卽高爾基指出的，「從旣定的現實中所抽出的意義上面」，再加上「所願望的、可能的東西，這樣來補充形象」。中共認爲舊的現實主義往往缺乏理想，更談不到革命的理想；舊的浪漫主義在對現實的批判和對理想的追求之間，也始終存在着無法解決的矛盾，只有運用「兩結合」的創作方法，才能在文藝作品裏，把革命的理想與革命的現實統一起來㉘。

同「兩結合」所獲的評價截然相反，「三突出」的思想基礎現被指爲是主觀唯心主義和形而上學。「主題先行」、「設置矛盾」等理論，它們的思想基礎也和「三突出」相同。「三突出」否認文學藝術是客觀現實的反映，把文藝當做主觀精神的赤裸體現，從根本上顚倒了文藝與社會

㉗ 余均：「大力提倡『兩結合』的創作方法——兼駁『三突出』謬論」，一九七八年一月九日，光明日報。
㉘ 同註㉗。

生活的關係，迫使創作者脫離生活，閉門造車，結果在創作中出現了嚴重的公式化、概念化傾向。中共現在引以為憂的是「三突出」流毒所及，給文藝創作帶來的危害特別大，「至今仍有一些作者還在那裏寫虛假的英雄，不真實，不可信，千人一面、千篇一律的狀況還沒有根本改變過來㉙」。所以只有繼續進行批判的工作。

五、對四人幫其他文藝觀的批判

中共對四人幫文藝的批判，較具理論性的約如上述，其餘可得而言者再扼述於後：

㈠四人幫曾高喊批判「寫真實論」。這個名詞原為胡風所提出，他指責中共的「新社會」是漆黑一團，認為文藝歌頌光明並不真實，寫黑暗才真實。中共現在表示，「四人幫」所反對的並非胡風的「寫真實論」，而是文藝必須具有真實性，這對社會主義文藝來說是最基本的，是不可少的。四人幫被指為有意混淆「寫真實論」與「文藝真實性」的區分，使廣大作者不敢真實地反映現實，使文藝創作與生活越離越遠，虛假的文藝泛濫成災。

㈡四人幫反對寫真人真事，中共說這也是以「左」的僞裝，做為鼓吹揑造虛假形象的一種手段。不受真人真事限制，不等於文藝創作可以離開真人真事，可以離開生活的真實；也不等於任何作品都不能寫真人真事。「例如報告文學不寫真人真事，還成什麼報告文學呢㉚？」四人幫以

㉙ 歐陽山：「剝去假左的外衣」，一九七八年十一月八日，人民日報。
㉚ 同註㉙。

典型化爲名，反對寫眞人眞事，中共指其意在不許文藝創作描寫「老一輩的無產階級革命家」，同時想爲自己渲染顏色。

㈢四人幫反對「形象思維論」，給形象思維加上種種罪名，予以否定。中共現在認爲，按照馬克思主義的認識論，思維是存在的反映，形象思維和邏輯思維是人類認識現實的兩種不同的思維方法。「一般說來，從事科學研究主要運用邏輯思維，從事藝術創作主要運用形象思維㉛」。中共對「反形象思維論」的批駁要點是：

1.文藝創作必須運用形象思維的方法，因爲文藝反映現實不同於科學，它不是用概念，而是通過形象反映現實生活，要塑造出個性鮮明的典型形象。這不能用科學抽象的方法，必須依靠藝術概括，從大量的生活現象中，選擇、提煉具有本質特徵的感性材料，熔鑄爲活生生的藝術形象，去揭示社會生活的某些本質方面。因此，在藝術概括的過程中，本質化和個性化是相互滲透、緊密交織的，思維的運動始終伴隨着形象。

2.藝術創作的形象思維，符合從感性認識到理性認識的反映論原理，不是什麼「反馬克思主義的認識論體系」。反形象思維論者所定的公式：「表象（事物的直接映象）——概念（思想）——表象（新創造的形象）」，也就是：「個別（衆多的）——一般——典型」，這都屬於藝術構思和創作的過程，並不涉及文藝的社會作用問題。

㉛浦滿春：「形象思維探討——學習『毛主席給陳毅同志談詩的一封信』」，紅旗雜誌，一九七八年第二期。

3.反形象思維論者認為，如果不用邏輯思維進行藝術創作，就是不要馬克思主義世界觀的指導。這是把邏輯思維和馬克思主義世界觀等同起來，混為一談。」

六、結　論

我們讀了四人幫及其批判者有關文藝的言論，可以做如下的分析與評論。

首先請看一段蘇軾的話。蘇軾在答張文潛書中說：「文字之衰，未有如今日者，其源實出於王（安石）氏。王氏之文，未必不善；而患在於好使人同己。自孔子，不能使人同。顏淵之仁，子路之勇，不能以相移；而王氏以其學同天下。地之美者，同於生物，不同於所生；惟荒瘠斥鹵之地，彌望皆黃茅白葦，此則王氏之同也。」我們知道，當時王安石只是厲行其政治理想，並未用高壓手段去「以其學同天下」。反對者只是受排擠，並沒有受迫害。可是蘇軾已無法忍受，一般學者文人也就起來反抗新政[32]。兩相比較，可知四人幫的倒下，實屬必然。

但繼起的當權派又如何？「秦始皇的時代已經過去了」，可是官方仍保留了不少過去的思想和作風。例如一位老作家在揭批四人幫之餘，必須這樣呼籲大家：「寫吧！歌頌我們偉大的黨的勝利，歌頌戰無不勝的毛澤東思想，歌頌英明的領袖華主席，歌頌我們英雄的人民[33]！」這與四

[32] 涂公遂：文學概論，二六一頁，臺北仙華出版社發行，民國六十五年八月臺一版。

[33] 草明：「揮筆上陣」，人民文學，一九七七年第十二期。

人幫時代——當然更可上溯到延安文藝講話發表以來的「歌德派」，並無實質上的不同。中共原本在海外的支持者也承認[34]，「令人遺憾的是，文學的改觀則不大」。除了「班主任」、「哥德巴赫猜想」等幾篇外，能够眞實而深刻地反映現實的作品仍很少。文革十年的生活，提供了最豐富的創作素材，但很多作家「心有餘悸」，不敢加以運用。他們爲求穩妥起見，寧願寫歷史題材作品。在這種情況下，「百花齊放」的春天當然難以出現。

更重要的是，今天中共的當務之急是政治鬪爭，而非學術討論。此在中共的外圍刊物亦不諱言[35]。所以揭批四人幫的文字雖如恒河沙數，但文藝部分可觀者僅如上述。造成這種狀況的眞正原因是共產黨對文藝的根本態度：政治干預。在這一方面，四人幫和中共當權派僅有程度上的差別而已。

文藝和政治一樣，如果想要它繁榮滋長，必須有自由。論及兩者的關係，則畢竟文藝是文藝，政治是政治，只許互相影響或幫助，而絕不容互相支配或侵犯——事實上這只是指政治而言。因爲只有政治權力（思想以外的）可以支配與侵犯文藝。再則是文藝與政治如眞要發生密切的關係，也只有在政治自由——文藝自由須從政治自由中獲得——的情況中才能達成。否則文藝完全聽命於政治，喪失其獨立的品格，只有政治的思想，沒有文藝的思想，卽使能發生作用，也只是

[34] 火木：「對中共文學的希望——我們時代的文學要給後人留下些甚麼？」香港爭鳴月刊，第十二期，一九七八年十月。

[35] 同註[21]。

政治的而非文藝的，自然也就沒有這方面的價值可言。準此以觀，我們很容易發現，無論是毛澤東、四人幫或今天的中共當權派，在訂立及維護「百花齊放、百家齊鳴」的誠意上，都不合格㊱。雖然，他們支配與侵犯文藝的盾牌都是「社會主義」。

我們在比較江青的「紀要」和中共當權派的批判文字時，又發現一件有趣的事實，就是雙方先後都強調，要採取「革命的現實主義和革命的浪漫主義相結合」的創作方法，中共當權派現在並以此做為攻擊「三突出」論的武器。

早在本世紀三十年代，俄國的高爾基就任「蘇維埃作家聯合會」會長時，即提出「革命的浪漫主義和社會的寫實主義」的主張。高爾基被史達林害死後，「社會主義的寫實主義」成為創作的教條。它的實際要點有三：掩飾缺點，誇張優點，崇拜共黨領袖與所謂勞動英雄㊲。在中國大陸，中共的文學理論家也曾奉此為創作的指導原則。但在一九六〇年的「中國文學藝術工作者第三次代表大會」中，「社會主義的寫實主義」却遭到冷遇。周揚和茅盾在報告時都強調「革命的

㊱ 毛及四人幫固不論矣，中共當權派今仍堅持革命的文藝要宣傳正確路線，為正確路線服務，同時認為自由化是資產階級和修正主義的口號，「就是反對作家站在無產階級立場上去表現工農兵的革命鬪爭生活」。又說自由化的本質就是「要求給資產階級文藝以『自由』，讓他們隨心所欲地歪曲生活，顚倒歷史，醜化社會主義制度」。由此種言論可見中共今後文藝政策之一斑。此處所引同註⑰。

㊲ 胡秋原：「中國人立場之復歸」，鄉土文學討論集，序言第二十二頁，尉天驄編著及出版，遠流・長橋聯合發行部總經銷，民國六十七年四月一日初版。

現實主義和革命的浪漫主義相結合」㊳，因爲這是毛澤東的主張。不論這些名詞的意義如何，都逃不出「社會主義的寫實主義」的範疇。不過，「革命的浪漫主義」至少爲作家及批評家在創造不眞實的人物和故事時，提供一個理論的依據：基於爲黨的計畫服務，隨時都可杜撰一些英雄人物和事蹟。所以「兩結合」並沒有眞正解放作家的想像力，它只是爲共產黨利用文學以達到政治目的，打開了方便之門㊴。

由此可知，昔日的四人幫和今天的中共當權派都鼓吹「兩結合」的創作方法論，正說明所有的共黨統治者，都視文學爲政治的留聲機和鬪爭的工具。在這種情況下，我們獲得了一個持平的結論：中共當權派對四人幫文藝的理論與實際，固有批判，也有繼承。

㊳ 董保中：「中共戲劇中的戲劇衝突及其政治意義」，「文學・政治・自由」，一二四頁，爾雅出版社，民國六十七年四月五日出版。

㊴ 同註㊳，一二五頁。

中國大陸的傷痕文學

一、關於傷痕文學的說明

四人幫被打倒以後，追述文革罪惡的傷痕文學公開在大陸上流行起來，也獲得海內外讀者的熱烈反應。一連串的名詞如暴露文學、浩刼文學、社會主義悲劇文學等，都被視爲傷痕文學的同義語，自由世界更以抗議文學或覺醒文學稱之。有人不贊成社會主義悲劇文學一詞，認爲中共在大陸上的所做所爲，不配稱爲社會主義❶。的確，社會主義原帶慈善的性質，最初的社會主義者都是悲天憫人的道德家，而中共領袖的表現正與此相反。但中共既以實行社會主義自詡，三十年後的今天却公然承認在其統治下有悲劇存在，這就是此一名詞的可取處。因爲自從馬克思以來，共產黨人從未料想到，在他們理想中或實行下的社會主義，也會造成悲劇。

什麼是悲劇？中國文學史上固多悲劇之作，但在這一方面的理論很少；而歐洲自古希臘以

❶「國際、大陸形勢與我們」，中華雜誌，一九二期社論，六十八年七月號，七頁。

來，就有許多哲學家和文學家對悲劇發表過意見。亞里斯多德在「詩學」中這樣定義：「悲劇是對於一個嚴肅、定整、有一定長度的動作之摹倣；它的媒介是語言，具有悅耳之詞，並且分別插入各種裝飾；摹倣方式是借人物的動作來表達，而不是採用敍述法；它以引起哀憫與恐懼，來使這種感情得到發散❷。」這個定義是他對古希臘悲劇創作經驗的總結。

而被共產黨人奉為金科玉律的，自然是馬克思和恩格斯的有關論述。在馬恩看來，現實歷史中的悲劇大抵有這幾種類型：

1.新而進步的社會力量，與仍然强大的舊勢力鬪爭的悲劇❸。

❷亞里斯多德：詩學，姚一葦譯註，臺灣中華書局，六十二年十一月三版，六七頁。

❸中共的文藝理論家表示，首先這是指被壓迫被剝削的勞苦羣衆，為爭取自已的權利和解放而進行的鬪爭；其次是指剝削階級上升時期的代表人物，為「實現當代的任務」而進行的鬪爭。前者的例證是：馬克念在「反革命在維也納的勝利」一文中，把巴黎的六月擧事稱為歐洲悲劇的第一幕，而把維也納的十月擧事稱為第二幕。同樣地，巴黎公社也是二幕大悲劇。後者的例證是：馬克念在「路易．波拿巴的霧月十八日」一書中指出：「黑格爾在某個地方說過，一切偉大的世界歷史事變和人物，可以說都出現兩次。他忘記了補充一點：第一次是作為悲劇出現，第二次是作為笑劇出現。科西廸耶爾丹東，路易．勃朗代替羅伯斯比爾，一八四八年——一八五一年的山岳黨代替一七九三——一七九五年的山岳黨，侄兒代替伯父。」恩格斯在一八五一年十二月三日致馬克斯的信中也說過類似的話。為什麼「剝削階級的代表人物」在一定歷史階段上也能充當悲劇英雄呢？馬克思在同書中認為，這是因為「不管資產階級社會怎樣缺少英雄氣概，它的誕生都是需要英雄行為，自我犧牲、恐怖、內戰和民族戰鬪的。」前者的例證見馬克思恩格斯書簡，人民出版社，一九七三年版，二九——三〇頁。後者的例證見馬克思恩格斯選集第一卷，人民出版社，一九七二年版，六〇三——六〇四頁。」

2.舊制度的代表者和維護者的悲劇❹。

3.剝削階級加給人民大衆的災難造成的悲劇❺。

中共的文藝理論家認爲，從以上幾種類型來看，凡屬悲劇，總是在歷史上有某種合理的事物被毀滅。因爲它在歷史上既然是合理的，就有存在的價值和發展的權利。所以一旦被毀滅，當然會引起人們的哀憫和同情❻。

既然在馬克思和恩格斯的眼中，所謂悲劇就是社會生活裏的合理事物被毀滅，那麼中國大陸上「一場浩刼」❼所造成的悲劇，應該歸於上述類型中的那一種？我們認爲最接近第三種。這裏

❹ 關於這種類型的主要理論根據，是馬克思的下面這段話：「當舊制度還是有史以來就存在的世界權力，自由反而是個別人偶然產生的思想的時候，換句話說，當舊制度本身還相信而且也應當相信自己的合理性的時候，舊制度犯的就不是個人的謬誤，而是世界性的歷史謬誤。因而舊制度的滅亡也是悲劇性的。」見馬克思：「黑格爾法哲學批判導言」，馬克思恩格斯選集第一卷，人民出版社，一九七二年版，五頁。

❺ 馬克思把一八五三年開始的克里米亞戰爭稱之爲悲劇，恩格斯也在一八八七年把「資產階級行將發動的全歐戰爭」看作一場悲劇。中共的文藝理論家說：「就因爲這些戰爭會給無產階級和勞動人民帶來巨大的災難，毀掉他們應有的幸福生活。」見孫子威：「論悲劇」，華中師院學報，哲學社會科學版，一九七九年第一期，四〇頁。我們準此以觀，文化大革命實爲一個大悲劇

❻ 同註❺，按魯迅過去也有類似論點。

❼ 葉劍英在一九七九年的「十一」前夕，發表「在慶祝中華人民共和國成立三十周年大會上的講話」，公開指出十年文革是「血腥的恐怖」和「反革命大破壞」，使得大陸同胞遭到「一場大災難」，是「一場駭人聽聞的浩刼」。不過葉劍英把文革的罪惡推到林彪和四人幫身上，仍不敢及於毛澤東。

所說的剝削階級，是馬克思本人始料所未及，而事實上遠勝於往昔任何一個剝削階級的共產黨。

社會主義悲劇的存在業已無法隱諱，值得進一步探討的是它何以會發生？中共文藝界和學術界的人士現在承認❽，悲劇過去是大陸文藝創作的禁區，歷經了文化大革命之後，大家看清楚社會主義也會產生悲劇這一點。當前出現的一批悲劇作品，在創作的實踐上衝破了禁區，所以他們直承是「一開眼界」。

對社會主義社會產生悲劇的原因，中共的社會科學院外國文學研究所於一九七八年底與華中師範學院聯合討論過❾。與會人士有四種不同的看法：

1. 階級、階級矛盾和階級鬥爭的存在，是社會主義時期產生悲劇的重要原因。

2. 社會主義制度本身不健全，如缺乏社會主義民主、法制不健全、官僚主義等，都有可能造成悲劇。

3. 對於無產階級專政下的繼續革命缺乏經驗，主觀認識違背客觀規律，如實行某些錯誤的

❽ 一九七八年十二月十四日至二十六日，中共的社會科學院外國文學研究所，和華中師範學院聯合舉辦「馬列文藝論述學術討論會」，參加這次討論會的，有來自大陸二十六個省、市、自治區從事馬列文藝論著的教學、研究、翻譯和出版等工作的九十五個單位一百五十多名代表。與會者探討了馬列主義經典作家論現實主義，論作家的世界觀與創作方法的關係，以及論悲劇等理論問題。一九七九年第一期的華中師院學報，曾在「學術動態」欄刊出內容要點。見該期一一四頁。

❾ 同註❽，一一四頁。

方針、政策，會造成悲劇。

4. 舊思想意識的存在、愚昧無知、不學無術，也是產生悲劇的原因。

我們若從傷痕文學——即社會主義悲劇文學的作品內容來觀察，可知上述四種不同的悲劇成因是並存的。在此尤須指出的是，中共統治下的悲劇不自文化大革命始，早在延安時期就有王實味、丁玲和蕭軍等人的抗議文學出現，數十年來作家們身心和筆下的傷痕，也從未中斷出現過，只是文化大革命造成的傷害最多也最大而已。

前已提及，中國文學史上不乏悲劇作品。孔子說詩經可以興、觀、羣、怨，其中怨就是抒發幽怨。離騷中也有「長太息以掩涕兮，哀民生之多艱」一類的沉痛語。降至晚近，魯迅亦自謂其文字多「憂憤」之作。但是，中國過去任一時代的悲劇都不如現在中共所造成的那樣深，中共全面控制了大陸人民的思想與生活，這種「權力無所不在」的統治，不是歷史上「民不聊生」的情況所能比擬的。傷痕文學或多或少透露出共產黨的統治，是建立在恐怖、殘暴和欺騙等特性上。相形之下，屈原當年行吟澤畔的自我放逐，實在是此刻大陸人民求之而不可得的自由了。所以今天中國大陸的悲劇，即使不是前所未有的，也必是前所罕見的。

二、傷痕文學作品舉隅

在中共長達三十年的統治下，大陸人民受侮辱與受損害者何止萬千？難以計數的身心受創者中，又有多少人能够幸運地把他們的遭遇訴諸筆端並公諸於世？本文且舉出三篇傷痕文學的代表作加以評介，凡此皆可證明，在一個多年來灌輸兒童「爹親，娘親，不如毛主席親」的社會上，親情畢竟禁得起事實的考驗。

㈠盧新華的「傷痕」

「傷痕」是上海復旦大學中文系學生盧新華的第一篇發表作，一九七八年八月十一日在上海文滙報刋出後，「忽如一夜春風來，千樹萬樹梨花開」，大陸文壇接着出現了一批類似的悲劇作品，「傷痕文學」一詞也就由此得來。

這篇小說是描述女兒與「叛徒媽媽」劃清界線後生離死別的經過。主人翁王曉華在十六歲時就懷恨離家，遠走遼寧鄉下落戶當農民，與母親暌別達九年之久。最後她終於排除心中的猶豫回到老家，却只能在醫院中一睹母親的遺容。小說寫到她飛奔入房，抖著雙手揭起蓋在母親頭上的白巾時，有如下的感人片段：

——啊！這就是媽媽——已經分別了九年的媽媽！

——啊！這就是媽媽——現在永遠分別了的媽媽！

她的瘦削、青紫的臉裹在花白的頭髮裏，額上深深的皺紋中隱映着一條條傷疤，而眼睛却還一動不動地安然半睜着，彷佛在等待着什麼。

「媽媽！媽媽！媽媽……」她用一陣撕裂肺腑的叫喊，呼喚着那久已沒有呼喚的稱呼：「媽媽！你看吧，看看吧，我回來了——媽媽……」

她猛然地搖撼着媽媽的臂膀。可是，再也沒有任何回答。

但是，中共官方肯定「傷痕」這篇小說的主要用意，却不在鼓勵親情，而在把它當做揭批四人幫的政治教材；同時小說的結尾有這樣一段八股，可被視爲它的通行證：「我一定不忘華主席的恩情，緊跟以華主席爲首的黨中央，爲黨的事業貢獻自己畢生的力量！」這段「多餘的話」不免破壞了小說的藝術性，但它却告訴了我們今天大陸上的文學尺度，以及作家發表作品時需要「保護色」。

盧新華接受海外來人的訪問時指出[10]，他想刻畫一個人被四人幫搞得麻木了，在他們下臺後心有餘悸，拿起通知書還不相信，連作夢時仍在想，仍懷疑母親的歷史問題，否則她就可以早幾天回去見到母親了。他這樣處理的目的，是要讓讀者看到四人幫極左思想怎樣在主人翁的腦中作怪。

我們必須指出，這種悲劇並非始於文化大革命。早在四人幫當政前的一九五七年，作家巴人就在「論人情」中坦言[11]：「我有些青年朋友，他們大都是資產階級或地主家庭出身的。……在土改時期和三反五反運動時期，他們爲了同地主或資本家的父親或兄長劃清界線，幾乎採取了同

[10] 張華訪問、李黎整理：「訪『傷痕文學』的開拓者」，動向月刊，一九七九年九月十六日，四九頁。

[11] 引自鄭直等選註、高上秦主編：中國大陸抗議文學，時報文化出版公司。六十八年九月十五日修訂一版，一一一四頁。

一的『戰略戰術』：斷絕家庭的來往。不管父親或兄長怎樣寫信來『訴苦』，一概置之不理，表示自己立場的堅定。就是運動過去，父親和兄長也接受改造了，還是不理；甚至於他們生活有困難，也不願給半個錢。但他們內心，並不是完全這樣『堅定』的，有時也會想起父親和兄長對他們的愛撫，而至於偷偷下淚。想寫封信去問問消息，又恐組織上懷疑他們，被整爲失掉立場。」

時隔二十多年，「傷痕」的情節與巴人所述的是何等類似。盧新華在接受訪問時表示，每個時期的文藝，都有其特定的歷史環境。中國大陸有十年文化大革命和四人幫，這在中外歷史上是找不到的，值得人們去總結。「在四人幫作祟十年之後，目前這個特定的歷史時期，對文藝有特定的要求」⑫，他就在這個思想基礎上開始構思。由此可見，巴人的舊語並未影響到盧新華。兩人先後不約而同地提到了「階級敵人」子女的遭遇，這是共產主義的制度使然，也證實了共產黨統治所造成的罪惡，不以四人幫的「特定時期」爲限。

㈡巴金的「懷念蕭珊」

「懷念蕭珊」這篇散文原載於一九七九年四月號的廣州作品月刊，巴金爲香港大公報撰寫的「隨想錄」中也刋出此文，論者以元稹的「遣悲懷」與其先後媲美。也有人說巴金早年的作品略

⑫ 同註⑩，四八頁。

嫌濫情，他自己每讀一遍「家」則「淚淚滔滔」，讀者們却多感味同嚼蠟⑬。現在他已到晚年，文筆就洗練多了。「懷念蕭珊」深沉地說出對當道的悲憤與對亡妻的深情，令人低徊不已。

巴金在文中提到他近來常去火葬場，參加老朋友們的骨灰安放儀式，在大廳中想起許多事情來。同樣地奏着哀樂，他的思緒却從擠滿了人的大廳轉到只有二三十個人的中廳裏，他們正在用哭聲向蕭珊的遺體告別。巴金說：

我記起了「家」裏面覺新說過的一句話，「好像珏死了，也是一個不祥的鬼。」四十七年前我寫這句話的時候，怎麼想得到我是在寫自己！我沒有流眼淚，可是我覺得有無數鋒利的指甲在搔我的心。我站在死者遺體旁邊，望着那張慘白的臉，那兩片嘛下千言萬語的嘴唇，我咬緊牙齒，在心裏喚着死者的名字。

蕭珊比巴金小十三歲，死時年僅五十五。她在生前也給關進過「牛棚」，掛上「牛鬼」的牌子，還掃過馬路，只因她是巴金的妻子。同樣的理由，使她患了病得不到治療。直到逝世前三個星期，她才靠走後門住進了醫院，但是癌細胞已經擴散，腸癌變成了肝癌。巴金痛苦地說：「她不想死，她要活，她本來可以活下去，倘使她不是『黑老K』的『臭婆娘』。一句話，是我連累了她，是我害了她。」巴金後悔自己當初寫小說，「更不該生兒育女」。在痛苦難熬的時候，蕭珊確也曾對巴金說：「孩子們說爸爸做了壞事，害了我們大家。」這些話實在令人感慨。

⑬ 司馬長風：中國新文學史，中卷，香港昭明出版社，一九七六年三月出版，四一頁。

三十年前的大陸人口，據中共估計約為五億五千萬，現在增加了不止四億。三十年來每逢殺戮或鬥爭，就有不少人後悔生兒育女而連累到下一代。為了「人多好辦事」，中共過去鼓勵大陸同胞生育，却剝奪了大家的生趣，更扼殺了無數人的生機。毛澤東曾經宣稱，「舊社會」是「一窮二白」，窮是指經濟的落後，白是指文化的眞空。巴金以數百萬言的小說，多少塡補了這個空白，結果却因此禍延妻子兒女。三十載以還，大陸上仍處於精神和物質兩皆匱乏的境地，周揚在一九七九年檢討共產黨的成績時，也直承「深深感到慚愧」⑭。然而這樣一句「深感慚愧」的總結，能够彌補巴金的喪妻之痛嗎？

㈢陶斯亮的「一封終於發出的信」

文化大革命期間飽受迫害去世的陶鑄，一九七八年底獲得「平反」。其女陶斯亮也寫了「一封終於發出的信」⑮來紀念他。這封信中傾洩的父女之情，和盧新華「傷痕」裏透露的母女之情，巴金「懷念蕭珊」裏表達的夫妻之愛一樣，原都是強調黨性文學的中共所不欲多見的。現在當權派為了揭批四人幫，而使這些血淚之作公諸於世，日後產生的影響，就會像赫魯曉夫曾經允許索忍尼辛批判史達林的作品出現一樣，必然不利於整個共產黨。

陶斯亮的信主要在追述其父受辱與死亡的經過。一九六六年七月，時任國務院副總理的陶鑄

⑭ 周揚：「三次偉大的思想解放運動——在中國社會科學院召開的紀念五四運動六十周年學術討論會上的報告」，人民日報，一九七九年五月七日。

⑮ 「一封終於發出的信」原載人民日報，一九七八年十二月十至十一日。

接替在文化大革命初期卽被整肅的陸定一，出任中共的中央書記及中宣部長，同年八月再擢升爲政治局常委，排名僅在毛澤東、林彪和周恩來之下。陶鑄獲得賞識的一個原因，就是懂得投毛澤東之所好。他曾挺身爲「三面紅旗」的失敗辯護，又在毛江提倡「現代戲」時表示支持，自認看了「紅燈記」之後感到「非常心服」。然而好景不常，一九六七年初，他就被指爲劉鄧派而遭整肅，一九六九年底終於死去。

陶斯亮在信中痛陳，她的父親是一個政治騙局下的犧牲者。沒有經過黨的任何會議，黨也沒有做過任何決議，以後也沒有追發過任何補充文件，就這樣被趕下政治舞臺，並且橫遭囚禁迫害，以至於死。陶斯亮想不通，所以直問：「這究竟是爲什麼？爲什麼？」其實世人都已明瞭，這場浩刧是毛澤東造成的。毛過去在接受美國記者史諾訪問時，就直承自己無法無天[16]。陶鑄在文化大革命時的犧牲，只是萬千個寃案、假案、錯案之一而已。

陶鑄在一九六八年十月就感到身體不適，由於被監禁者的就醫有種種限制，一直拖到次年四月膽囊受壓全身變黃後，才獲允去醫院治療，可是爲時已晚。陶鑄得的是胰腺癌，雖然做了根治手術，但到了九月時病情再度惡化，從此就再沒有出過門。他的太太在病情記錄中寫道：

經常痛得在床上東倒西歪前趴後仰，每次痛過後都是一身大汗，要用幾條毛巾才能擦乾，

[16] 毛澤東以中國的「歇後語」告訴史諾，他是「和尚打傘——無法（髮）無天」，卻被史諾記述成「一個携傘獨行的孤僧」，這說明了美國若干「中國通」的中文程度。

像這樣，一天要發作三、四次…虛弱得連大便的氣力都沒有，每隔幾天，就得用手給他摳大便…昏昏迷迷地睡著就說譫語，有時聽到在叫亮亮。

「亮亮」是陶斯亮的小名。她在寫完這封信以後，於一九七八年十二月底到安徽合肥接陶鑄的骨灰，返北平後再寫了一篇「合肥行」⑰。文中指出，陶鑄的骨灰裝在殯儀館內一個黑色的小盒裏，已經冷落了九年。有一位老醫生告訴陶斯亮，陶鑄在死前曾經兩度抓住他的手，用低微的語氣說：「醫生，我沒反毛主席，我一生都沒反過毛主席啊！」

但是，這又有什麼用呢？誰能圓滿解答這個問題呢？今天在獄中的江青等人，不也在呢喃着這句話嗎？

三、傷痕文學的迴響

莎士比亞說：「淚洗過的臉是最眞誠的。」今天大陸上的傷痕文學都是以淚洗面的文學，而且極具代表性，大陸上許多讀者覺得，這些作品道出了他們積鬱多年的情緒。刋出「傷痕」這篇小說的文滙報，當天就加印了一次。到一九七八年底爲止，報紙和盧新華共收到將近兩千封來信，不少人表示「傷痕」刻畫出他們的遭遇和心聲。盧新華也提到有不少的讀者反映說，他們是把小說當作眞人眞事來讀的，類似王曉華這樣的人物確實不少。「從這點上來說，在王曉華身上也

⑰「合肥行」刋於上海文滙報，一九七九年一月二十三日。

許是概括了我們社會上某些青年的共性的⑱」。作家陳荒煤也指出：「傷痕這些作品是我們時代的悲劇，是時代的烙印，時代的脚跡，確實反映了廣大人民的心聲，是無法否定的⑲。」

中共爲了爭取人心，更在海外利用它的傳播媒介大力推崇「傷痕」一類的作品，認爲它們一掃瞞騙的惡濁空氣⑳，具有激勵人心的效果。中共此時對外宣稱藝術民主是必要的，「社會總有陰暗的一面吧，何況我們又有五千年歷史留下的汚泥濁水，文藝家永遠不能忘記鞭撻，鞭撻是爲了光明的早日到來，這和眞誠的實事求是的歌頌正是一樣㉑」。我們由此可以得知，中共是以傷痕文學爲手段，來爭取人們對它的支持；同時它把自己的許多罪惡，推給中國悠久的歷史。

然而大陸內部並非人人都贊成傷痕文學。一九七九年五月「北京製片廠」的座談會上，就有人表示憂慮長此以往，毛澤東的文藝路線不啻被否定了：「現在有人說什麼文化大革命給人民心中造成了各種傷痕，這是文學的主要方面。現在出現了傷痕文學，到處是傷痕。卽使四人幫時代，人民的傷痕也不是主流，鬬爭才是主流。現在有個說法，强調寫作家所熟悉的，其實質是反對文藝爲工農兵服務的方向。」持此觀點的人同時抱怨，大陸上現在有許多文學創作的領導者，是在俄羅斯和歐洲十八世紀文學的染缸裏染過的，認爲那一套是完全對的，「他們說起話來前後不

⑱ 盧新華：「談談我的習作『傷痕』」，上海文滙報，一九七八年十月十四日。
⑲ 荒煤：「衷心的祝賀」，人民文學，一九七九年第四期。
⑳ 多青：「中共作家應該大膽干預生活——由『重放的鮮花』說開」，動向月刊，一九七九年九月十六日。
㉑ 唐瓊：「靈魂工程師」，香港大公報，一九七九年十一月四日。

一，毛主席、周總理在世時，他們不得不講些馬列主義。現在他們認爲自由了，就什麼都說㉒」。持此觀點的人自是毛澤東的忠實信徒，只是現在毛死江倒，忠實信徒反而一時被視爲「餘孽」了。其實鄧小平在第四次文代會上也仍舊說：「毛澤東同志所訂的文藝爲人民、工農兵羣衆服務的路線，迫切需要繼續遵守。」此種論調與「餘孽」們所說的又有什麼分別？

周揚復出後一度沉默，最近發表言論，每被視爲代表官方。他在第四次文代會上報告時先承認，大陸人民的傷痕和造成這種傷痕的幫派都是客觀存在的，所以作家們無法加以粉飾。但他又不贊成精密細緻地去反映這些傷痕，以免造成不利於中共當局的思想和情緒㉓。由此可見，中共官方對傷痕文學多少有些顧慮，公開發表這些作品原只爲了一時之用，是無意予以全盤肯定的。

對傷痕文學不滿意的人士中，值得我們重視的則是大陸逃到香港的青年。這些青年歷經刧難，以一身的鐵骨自許，認爲「傷痕」一類的小說是新的樣板，在跟着指揮棒團團轉㉔。他們指出，由於長期的禁錮，有如冰凍三尺的大陸文壇，所產生的作品仍然充滿八股味，就像鎖上脚鐐的舞

㉒ 引自羅冰：「找到了『歌德派』的幕後人——北行放語」，爭鳴月刊，一九七九年九月。

㉓ 周揚：「繼往開來，繁榮社會主義新時期的文藝——一九七九年十一月一日在中國文學藝術工作者第四次代表大會上的報告」，人民日報，一九七九年十一月二十日。

㉔ 北斗編輯部：「反修樓」「跋」，一九七九年六月二十四日。「反修樓」一書臺灣版由爾雅出版社出版，六十八年十月二十日初版。

蹈，無法反映出大陸社會的眞象，以及這一代中國人的心聲㉕。因此，他們看不起現在大陸上的此類作品，覺得還是受到了當權者的控制㉖。這些青年合辦過「北斗」等雜誌，並出版了「反修樓」這本小說集，書中描述文化大革命「那瘋狂的年代」的種種，果然比「傷痕」更爲深刻，更充滿了血淚，所以更具有批評大陸傷痕文學的資格。

四、結　論

今天中國大陸傷痕文學所獲的評價不盡相同，同樣稱許或貶抑者的出發點亦復各異。站在自由世界的立場，我們認爲它還是具有價值的，因爲它不但從內部拆穿了「共產主義是人間天堂」的神話，而且喚醒了共產黨久欲推翻的親情和人性，讓世人淸淸楚楚地看到，所謂毛澤東思想在面對中國倫理傳統時終於敗下陣來。

「敢有歌吟動地哀」一書的編者吳甿指出，中國「新的一代」文學特點表現在三方面：

1. 苦難的特徵——沉重而不輕忽，悲憤而不頹唐。
2. 理想主義的色彩——表現出獻身的精神以追求理想。
3. 史詩的情緒——熱烈與悲凉的交織。

㉕ 康文：「自我逐放的中國青年作家」，中國人月刊，一卷九期，一九七九年十月。
㉖ 「香港文化震撼與臺灣文化方向」座談會，時報周刊海外版，一〇三期，一九七九年十一月十八日。

我們若以哀矜勿喜的心情來看中國大陸的傷痕文學，儘管其中有若干文字不爲我們所喜，它的整個內容是應予肯定的，因爲它多少具備了上述三個特點。我們相信，只要這些作品的雪球越滾越大，就會像一九七九年三月北平人權刊物「今天」裏的一首詩所說㉗，總有一天：

每一聲痛苦和呻吟，
都會像水滴一樣滙合，
掀起排山倒海的巨浪；
每一段朦朧的思想，
都會像原子能一樣凝聚，
釋放出摧毁一切的巨大力量。

㉗ 引自中國大陸抗議文學，一四七頁。

中共對三十年代文藝運動的重估

一、前　言

中共當權派在打倒四人幫以後，即展開對後者文藝觀的批判，並且有重估三十年代文藝運動之舉。一九八〇年適逢「中國左翼作家聯盟」成立五十週年，中共在擴大紀念之際，正好把這項重估的工作往前推進一步。

中共對三十年代文藝運動的重估，大致上就是對三十年代左翼文藝的重新肯定，以及對「兩個口號之爭」的重新探討。由於重估的需要，因此毛澤東、林彪、江青等的「三十年代文藝黑線」論，就成爲近年來的主要批判對象。

二、對「三十年代文藝黑線」論的批判

一九六六年二月，江青在上海主持了「部隊文藝工作座談會」，這次會議是根據林彪的委託召開的。她於會後寫了一份「紀要」，經毛澤東三次親自審閱和修改才定稿❶，所謂「文藝黑線專政論」即由此提出。

江青在「紀要」中指出，大陸文藝界自中共建立政權以來，即被一條與「毛澤東思想」相對立的反黨反社會主義黑線專了政，它是資產階級的文藝思想、現代修正主義的文藝思想和三十年代文藝的結合。「我們一定要根據黨中央的指示，堅決進行一場文化戰線上的社會主義大革命，徹底搞掉這條黑線。搞掉這條黑線以後，還會有將來的黑線，還得再鬪爭。所以，這是一場艱巨、複雜、長期的鬪爭，要經過幾十年甚至幾百年的努力」。毛澤東和江青如此說，也如此做，只是後來失敗了。

江青當時還指出，三十年代的左翼文藝思想，實際上就是俄國的文學評論家別林斯基、車爾尼雪夫斯基、杜勃羅留波夫，以及戲劇方面斯坦尼斯拉夫斯基的思想❷。他們被江青視爲資產階級民主主義者，中共現在則稱他們爲俄國革命民主主義者。總之，他們的文藝思想與馬列主義有別。

❶ 「林彪同志給中央軍委常委的信」，收入江青同志論文藝，第三頁，一九六八年五月出版。
❷ 「林彪同志委託江青同志召開的部隊文藝工作座談會紀要」，收入江青同志論文藝，第十頁。

中共近年來力圖證明，在三十年代，俄國革命民主主義者的著作還沒有被介紹到中國來❸，而江青的說詞是為了要給「老幹部是民主派」找根據，因此才「捏造」了如上的話語。中共現在表示，即使在蘇聯，對這些俄國革命民主主義者的重視，也是一九三四年第一次蘇聯作家代表大會以後的事情，「當時中國對這些名字還很陌生」。一九三六年，蘇聯紀念了柏林斯基一百二十五週年、杜勃羅留波夫一百週年的誕辰，中共認為這個時候他們才開始引起國內的注意，有過一些消息和短文，並於一九三六年底出版過一本「柏林斯基文學批評集」，「此外在三十年代就再沒有俄國革命民主主義者著作的介紹出版了」❹。中共的新文學史家王瑤現在如是說❺。

事實上，三十年代介紹別林斯基、車爾尼雪夫斯基、杜勃羅留波夫的情況，至少有如下的紀錄：

1.別林斯基：魯迅在「藝苑朝華」第五輯「新俄畫選」中，翻印了保里諾夫的木刻「批評家V・倍林斯基像」（一九三〇年五月上海光華書局出版）。一九三五年四月出版的「譯文」第二卷第二期，刊登了別林斯基的「論自然派」（周揚譯）。王瑤在前面約略提到的，就是一九三六年七月二十五日出版的「光明」第一卷第四期，刊載的「紀念柏林斯基的一百二十五週年誕辰」。

❸ 王瑤：「掃除誣蔑，澄清是非——批判『四人幫』關於三十年代文藝的謬論」，人民文學，一九七八年第五期。

❹ 同註❸。

❺ 王瑤曾寫中國新文學史稿，上海新文藝出版社，時為一九五四年。

同年底，生活書店出版了「別林斯基文學批評集」，包括眞理報的專論「偉大的俄國批評家」，以及別林斯基的「論學」、「論自然派」、「論果戈里底小說」三篇論文。

2.車爾尼雪夫斯基：一九三〇年二月十五日出版的文藝研究創刋號裏，登載了普列漢諾夫的論文「車勒芮綏夫斯基的文學觀」第一章：「文學及藝術的意義」（魯迅譯），闡明「美就是生活」的道理。一九三六年四月一日出版的「文學」第六卷第四期，有一篇周揚的論文：「典型與個性」，文章在攻擊胡風對社會主義現實主義文學創作方法的批判時，引用了車爾尼雪夫斯基論典型創造的話。一九三七年三月十日出版的「希望」雜誌創刋號，發表了周揚的「藝術與人生—車爾芮雪夫斯基的『藝術與現實之美學關係』」。

3.杜勃羅留波夫：一九三六年四月十六日出版的「譯文」新一卷第二期，闢了「杜勃洛柳蒲夫誕生百年紀念」專欄，其中包括「杜勃洛柳蒲夫傳略」、「批評家杜勃洛柳蒲夫」、「回憶」，以及杜勃羅留波夫本人的兩篇論文：「給詩人」和「什麼時候才有好日子」。第三期「譯文」又譯載了吉爾波丁的「杜勃洛柳蒲夫論」。

中共現在表示，卽使有以上這些紀錄，三十年代對這幾位俄國文藝批評家的介紹，還只是「零星」的，眞正比較有系統的譯介，是在四十年代初期以後❻。不過中共又認爲，別林斯基關於

❻ 張大明：「三十年代左翼文藝界對馬列主義理論的宣傳——兼駁『文藝黑線專政』論」，文學評論雙月刊。一九七八年第二期。

形象思維的言論，車爾尼雪夫斯基關於「美就是生活」、文學是「生活的教科書」的觀點，杜勃羅留波夫關於文藝批評的文章，對於中國左翼作家學習馬列主義的文藝理論批評，「起過不小的參考作用」；斯坦尼斯拉夫斯基的戲劇理論和表演藝術經驗，也從一個方面爲中共的表演藝術「提供了有益的借鑒❼」。

既然如此，中共現在爲什麼還要貶抑這些俄國文藝批評家在三十年代的地位呢？這就是因爲中共必須「言必稱馬列」，必須强調馬列主義的文藝思想是三十年代的主流。由於中共服膺「政治領導文藝」、「文藝爲政治服務」的教條，因此就擧出三十年代馬列「經典」在中國傳播的情景，來證明左翼文藝界從這些政治、哲學的著作中，學習到了辯證唯物主義和歷史唯物主義，從而認識文藝的性質和作用，「擺正」了文藝與政治的關係，以及個人與階級的關係。

中共於是引用魯迅在三十年代初期的話說：「這回的讀書界的趨向於社會科學，是一個好的，正當的轉機，不惟有益於別方面，即對於文藝，也可催促它向正確，前進的路❽。」據一九二九年十二月十五日「新思潮」第二、三期合刊上兩篇文章的估計，當年出版的馬克思傳記、著作，以及有關的著譯有四十六種，其他社會科學書籍一百五十五種，這個統計頗令中共自豪。

中共認爲「十分可貴」的是，在三十年代，還直接翻譯了馬列論文藝的基本著作，其中包括：

❼ 同註❻。

❽ 魯迅：「黑暗中國的文藝界的現狀」，該文收入二心集。

1.馬克思「政治經濟學批判」導言摘譯：「論文化的各種形態（科學、技術、藝術）的不平衡發展」，譯名爲「藝術形式之社會的前提條件」，載一九三〇年萌芽月刊第一期。

2.馬克思「評普魯士最近的書報檢查法」和「第六屆萊茵省議會的辯論（第一篇論文）」二文的摘譯，譯名爲「馬克思論出版的自由與檢閱」，載萌芽月刊第五期。

3.「恩格斯致瑪·哈克奈斯的信」（論現實主義、論巴爾札克），載一九三三年出版的讀書雜誌第三卷第六期。

4.「恩格斯致敏·考茨基的信」（論傾向文學、典型創造），魯迅的「關於翻譯」（一九三三年八月二日）摘錄重要段落，全文載一九三四年十二月十六日出版的「譯文」第一卷第四期，又見於一九三七年初出版的「恩格斯等論文學」。

5.「恩格斯致愛因斯特的信」（論易卜生），見東京質文社出版的文藝理論叢書之六「「作家論」。

6.列寧：「黨的組織和黨的文學」，載一九三〇年二月十日出版的拓荒者第一卷第二期，譯名爲「論新興文學」（成文英譯），又見於同年十二月出版的蘇俄文學理論第三章附錄，題爲「伊里基論新興文學」。

7.列寧：「列夫·托爾斯太是俄國的鏡子」，載一九二八年十月十日出版的創造月刊第二卷第三期，又見於一九三四年九月二十五日出版的文學新地創刊號，還載恩格斯等論文學。

8.列寧：「列夫・托爾斯太」，見「恩格斯等論文學」。

9.列寧：「列夫・托爾斯太與現代工人運動」，見「恩格斯等論文學」。

11.一九三六年，魯迅以諸夏懷霜社的名義，編輯出版了瞿秋白的譯文集「海上述林」。集中有瞿秋白一九三二年編譯的「馬克思主義文藝論文集：現實」和一九三三年譯成的「列寧論托爾斯太」兩組文章。

10.一九三三年，上海神州國光社出版了「列寧與藝術」。

此外，魯迅還翻譯了普列漢諾夫的「藝術論」（卽「沒有地址的信」）、盧那察爾斯基的「藝術論」和「文藝與批評」，以及蘇聯的「文藝政策」等。

以上這些論著的中譯水準，可拿魯迅所譯者爲代表。魯迅所譯盧那察爾斯基的兩本書，被梁實秋先生舉例證實爲「死譯」❾。魯迅無法，只好在「文藝與批評」的譯者後記中，一面自承能力不够，一面責備中文的本來缺點❿，造成他的譯文晦澀難解，而他既不願束手，只有如此硬譯了。「所餘的唯一希望，只在讀者還肯硬着頭皮看下去而已」。另外那本俄共中央委員會議決的

❾ 梁實秋：「論魯迅先生的硬譯」，新月二卷六七期合刊，一九二九年九月出版。

❿ 梁實秋先生則指出，中文和外文不同，外文有些句法爲中文裏所無，翻譯之難卽在於此，不能因中文有「本來的缺點」，便要「讀者硬着頭皮看下去」。求正之道，是不妨將句法變換一下，以使讀者能懂爲第一要義。

「文藝政策」，也被梁先生列爲硬譯的一種⑪。文筆矯健如魯迅者，在譯介馬列主義文藝論著時尚不能免於生吞活剝，其餘可見一斑。

然而，魯迅當年的死敵——「奴隸總管」周揚，一九八〇年在紀念「左聯」成立五十週年大會上，却能夠如此地恭維魯迅：「魯迅所譯的普列漢諾夫的『藝術論』及其他同類著作，在我國文藝界產生了很大的影響。梁實秋攻擊魯迅是『硬譯』，然而，這種『硬譯』是一種多麼可貴的韌性戰鬪的精神呵⑫！」

江青除了批判三十年代文藝的思想淵源外，還批判了那時左翼文藝運動的政治路線和組織，

⑪　梁實秋先生並指出，「文藝」而可以有「政策」，本身就是一個名詞上的矛盾。俄共頒布的文藝政策中缺乏理論的根據，只是幾種卑下心理之顯現：一是暴虐，以政治手段剝削作者的思想自由；一是愚蠢，以政治手段強求文藝的淸一色。梁先生並不是認爲文藝和政治無關，「政治也是生活中所不能少的一段經驗，文藝也常常表現出政治生活的背景，但這是一種自然而然的步驟，不是人工勉強的」。他指出文藝作品不是機械的產物，無法定做，所以很懷疑堂而皇之的頒布文藝政策之後，是否有作家奉行不悖創爲作品？「政策沒有多大關係，作品才是我們要看的東西」。這些話都揭痛了魯迅。梁先生後來表示，不能確定這本翻譯的「文藝政策」是否眞爲魯迅執筆，「因爲實在譯得太壞，魯迅似不至此，很可能的這是共產黨的文件硬要他具名而他又無法推却」。但我們揆諸魯迅硬譯的前例，加之他早期翻譯整理俄國文學的經驗，以及爲了對抗當時左派青年的攻擊，魯迅親譯之以示內行，實屬可能之事。

⑫　周揚：「繼承和發揚左翼文化運動的革命傳統——紀念『左聯』成立五十周年大會上的講話」，人民日報，一九八〇年四月二日。

認爲政治上是王明的「左傾」機會主義路線，組織上是關門主義和宗派主義，江青因此要求破除對三十年代文藝的迷信⑬。

中共現在於肯定三十年代左翼文藝運動的性質和方向之餘，也不得不承認它存在着缺點。因爲毛澤東在延安文藝座談會上講得很清楚：包括三十年代在內的文藝是有「許多缺點」的，是有不少「糊塗觀念」和「作風不正的東西」。特別是宗派主義，毛澤東就特別指出，三十年代的上海存在着這個問題⑭。他認爲只有提倡工農兵文學，才能解決這個問題。事實上，三十年代的左翼文學不是工農兵文學。毛澤東自己就說，在三十年代的上海，「革命」的文藝作品，接受者也不過是以一部分的學生、職員和店員爲主⑮。這正是毛澤東後來在延安「心所謂危」，大力提倡工農兵文學的一個原因。所以對宗派主義的撻伐，絕非自江青始。

中共現在既然無法掩蓋這個事實，只好强調三十年代的左翼文藝運動，「是在不斷克服和糾正左傾機會主義路線影響下的關門主義和宗派主義而得到發展的⑯」。但中共又不得不承認，這並不是說，「左聯」成立以後就不存在關門主義和宗派主義了，在「左聯」內部就出現過它們的

⑬ 同註❷。
⑭ 毛澤東：「在延安文藝座談會上的講話」，毛澤東選集第三卷，直排本八六〇頁，一九六四年九月版。
⑮ 同註⑭，八五一頁。
⑯ 任白戈：「堅決批判林彪江青一伙對三十年代文藝的誣蔑」，人民文學，一九七八年第五期。

各種表現。而且王明的左傾機會主義路線，在三十年代給共產黨帶來的損害，「儘管主要是在軍事鬪爭和土地革命方面，也不能說在文藝戰線上就毫無影響⑰」。但是中共卻又强調，三十年代左翼文藝運動是以魯迅爲首的，王明路線不佔主導的地位。

三、對「兩個口號之爭」的重估

一九三六年春，中共爲了「更好的促使文藝界抗日民族統一戰線的形成」，於是解散了「左聯」。解散後左翼內部隨卽爆發了兩個口號之爭，不久魯迅病死，這項論戰暫告結束。但雙方埋下了嫌隙，也都難逃後來的刧運。直到打倒四人幫以後，當年參與論戰而迄今未死者，才零零落落地復出。

我們要想瞭解中共現在怎樣重估「兩個口號之爭」，宜先明白當年論爭的實際情況。九一八事變以後，中國人民反日情緒高漲。蘇聯鑒於它的國境與東北接壤，日、德、義三國獨裁政權又逐漸形成反蘇軸心，於是一面與三國力謀妥協，一面以第三國際的名義號召建立「統一戰線」，命令各國共黨羣起「擁護蘇聯」及「反帝」。

一九三五年七月至八月，第三國際第七次大會在莫斯科舉行，中共出席者有王明、康生。王明在會中提出「論反帝統一戰線問題」的報告，這份報告成爲中共「八一宣言」的藍本和抗日民

⑰ 同註⑯。

族統一戰線的指針。」

遵照大會決議，王明以中共中央及蘇維埃政府的名義，在莫斯科發出了著名的「八一宣言」，要求與各黨派、團體、名流學者、政治家，以及地方軍政機關等，進行談判，共同成立國防政府。

衆所周知，「左聯」是中共策畫成立的，而魯迅自始至終未曾加入共黨，所以只能是名義上的領袖。中共對於魯迅只當做同路人，尊而不親，他們自有文化運動的路線，並非要魯迅實際領導[18]。「左聯」成立時，中共派潘漢年爲代表，馮乃超、陽翰笙先後擔任黨團書記，後又改派周揚接任工作[19]。

爲了配合中共政治上「國防政府」的號召，周揚提出「國防文學」的口號，並且廣爲推展，而有「國防戲劇」、「國防詩歌」、「國防音樂」等方面的應用。周揚强調全民族救亡的統一戰線正擴展到一切領域，文藝的領域自不能例外，國防文學就是配合這個形勢而提出的一個文學口號。它要號召一切站在民族戰線上的作家，不問他們所屬的階層，他們的思想和流派，都來創造抗敵救國的藝術作品，「把文學上反帝反封建的運動集中到抗敵反漢奸的總流[20]」。

[18] 曹聚仁：魯迅評傳，一〇三頁。
[19] 玄默：中共文化大革命與大陸知識分子，一九〇頁。中共研究雜誌社出版，一九七三年。
[20] 周揚：「現階段的文學」，原刊光明一卷二號，一九三六年六月廿五日出版。收入中國現代文學史參考資料第一卷下册。五二三——五二八頁。中國新文學大系續編第一册亦有節選，見該書六九七——六九九頁。

魯迅雖然同意抗日民族統一戰線的政策，但對周揚的做法諸多不滿。馮雪峯指出，「左聯」解散時內部沒有經過很好的討論，「尤其黨員作家對魯迅先生這樣和左聯有那麼重要關係的人，只簡單地徵詢了一下他的意見，而沒有和他深刻地研究，這做法是有很大缺點的」。所以魯迅和馮談起時，自然「有點憤慨㉑」。魯迅始終拒絕參加周揚組織和把持的「中國文藝家協會」，並且提出「民族革命戰爭的大衆文學」，做爲當時文藝運動的口號，這樣就展開了兩個口號的論爭。按照郭沫若的講法，這是左翼文藝界眞正嚴烈的內戰㉒。

魯迅認爲，應當使作家在「抗日」或「國防」的旗幟下聯合起來，不能說在「國防文學」的口號下聯合起來，因爲有些作者不寫「國防爲主題」的作品，仍可從各方面來參加抗日的聯合戰線。「卽使他像我一樣沒加入『文藝家協會』，也未必就是『漢奸』，『國防文學』不能包括一切文學，因爲在『國防文學』與『漢奸文學』之外，確有旣非前者也非後者的文學㉓」。

魯迅還表示，「民族革命戰爭的大衆文學」這口號，是爲了推動一向囿於普羅文學的作家們，跑到抗日民族革命戰爭的前線上去，以補救「國防文學」一詞本身在文學思想的意義的不明瞭性，並糾正一些注進「國防文學」這名詞裏的不正確意見。然後他將兩個口號的比重做了一個安

㉑ 馮雪峯：回憶魯迅，人民文學出版社出版，一九五七年。

㉒ 郭沫若：「蒐苗的檢閱」，收入沫若文集第十一卷，人民文學出版社出版，一九五九年。

㉓ 魯迅：「答徐懋庸並關於抗日統一戰線問題」，初發表於一九三六年八月作家月刊一卷五期，後編入又且介亭雜文末稿。

排，認爲「民族革命戰爭的大衆文學」，正如無產革命文學的口號一樣，大概是一個總的口號罷。在總口號之下，再提些隨時應變的具體的口號，例如「國防文學」、「救亡文學」、「抗日文藝」等，他以爲是無礙的㉔。魯迅的說法，有胡風、馮雪峯、黃源等人的支持。而反對者除周揚外，還有徐懋庸等。不屬於周揚派系的郭沫若，當地也頗批評到魯迅，認爲「民族革命戰爭的大衆文學」這口號，在手續上既有點不完備，在意識上也有些朦朧。他說這十一個字長的口號，根本就不「大衆化」，所以最好是撤回㉕。郭沫若在有關文章中都讚美「國防文學」㉖，對魯迅的意見則進行細微曲折的攻難，令人回憶起魯迅過去與創造社的恩怨。當然，更重要的是郭沫若被人公認的投機個性，不免令人聯想到「國防文學」與中共訓令的關係。

一九三六年八月，魯迅發表了「答徐懋庸並關於抗日統一戰線問題」的萬言長書㉗，作爲兩個口號之爭的總答覆。他駁斥彼等對「民族革命戰爭的大衆文學」的否定態度，認爲這個口號並非標新立異，也非與「國防文學」對抗，但前者比後者意義更明確，更深刻，更有內容。魯迅指

㉔ 魯迅：「論現在我們的文學運動」，初發表於一九三六年七月現實文學月刊第一期，後編入且介亭雜文末編。

㉕ 同註㉒。

㉖ 郭沫若於一九三六年六月，於文學界第二號發表「國防、汚池、煉獄」一文，與稍後所撰的「蒐苗的檢閱」，都在稱道「國防文學」。

㉗ 魯迅該文寫於一九三六年八月三——六日，初發表於作家月刊一卷五期，後編入並介亭雜文末編。

出，在「左聯」結成的前後，有些所謂革命作家，其實是破落戶的漂零子弟，他們也有不平、有反抗、有戰鬪，却往往不過是將敗落家族婦姑勃谿叔嫂鬪法的手段，移到文壇來，嘁嘁嚓嚓，惹是生非，搬弄口舌，決不在大處着眼。這衣鉢流傳不絕，徐懋庸也正是其一。魯迅質問，什麼是「實際解決」？是充軍還是學殺頭？在「統一戰線」這大題目下，就可以如此故入人罪戲弄威權嗎？「抓到一面旗幟，就自以爲出人頭地，擺出奴隸總管的架子，以鳴鞭爲唯一的業績——是無藥可醫，於中國也不但毫無用處，而且還有害處的」。著名的「奴隸總管」一詞，卽出於此。

以上是三十年代左翼內部兩個口號之爭的大要。在魯迅的萬言書發表之前，陳伯達以兩個口號之爭僵持不下，惟恐家醜外揚且導致內部分裂，因而出來調停要求休戰，認爲「國防文學」是不可以被駁倒的，因爲它是聯合戰線的口號，卽提出「民族革命戰爭的大衆文學」的人，也不能否認該口號的正確。然對它的態度，並不一定要大家一致。又謂「民族革命戰爭的大衆文學」應屬國防文學的左翼，是國防文學主要的一種，一個部分，同爲也是它的主力。換言之，「民族革命戰爭的大衆文學」是左翼作家在國防文學下所採取的立場，非聯合陣線的口號[28]。這代表了中共當時的官方意見。

[28] 陳伯達：「文藝界兩個口號的論爭應該休戰」，收入國防文學論戰，又見中國現代文學史參考資料第一卷下册，五六一——五六四頁。

打倒四人幫以後，中共近年來强調，江青在文革期間將兩個口號之爭定爲敵我之間兩條路線的鬪爭，將「國防文學」定爲賣國文學、漢奸文學等，是對三十年代左翼文藝運動的誣蔑。不過對於兩個口號之爭的歷史評價，在詳細討論時，中共內部的意見並不盡同。

大體上，中共對「國防文學」這個口號重持肯定的態度，而辯稱在正式提出它的當時，共產黨內還沒有形成一條王明右傾機會主義的路線㉙。中共現在更從毛澤東的著作裏，極力尋找關於「國防文學」口號本身的直接依據。毛澤東並沒有提過「國防文學」，但是提過「國防政府」、「國防教育」之類。中共卽因此認爲，把「國防文學」說成「是王明右傾機會主義路線的產物」是錯誤的，它是符合當時共產黨策略路線需要的。

然而「國防文學」口號的對手既是魯迅，中共在一貫捧魯的前提下，現在也只好承認，當年在解釋「國防文學」口號的言論中，確實存在着右傾思潮的影響，有嚴重錯誤的劇本「賽金花」的創作，以及對它充分肯定的評價，就是這種右傾思想的明顯表現。中共現在也不得不特別指出，在鼓吹「國防文學」的文章裏，有些不敢旗幟鮮明地强調統一戰線中無產階級領導權的問題㉚，

㉙ 唐沅：「關於一九三六年『兩個口爭』論爭的性質問題」，文學評論雙月刊，一九七八年第三期。

㉚ 例如，當時倡導「國防文學」者中有謂：「普洛不應掛起明顯的徽章，不以工作，只以特殊的資格去要求領導權，以至嚇跑別的階層的戰友。」又謂：「統一戰線的『主體』並不是特定的，『領導權』並不是誰所專有的。各派的鬪士，應該在共同的目標下，共同負擔起領導的責任來。」

「這是『國防文學』倡導者當中最突出的右傾錯誤觀點㉛」。

不過，中共在承認上述的錯誤之餘，仍然肯定「國防文學」的主導思想有三：1.大張旗鼓地批判了「左」傾關門主義思潮；2.其主流不是放棄領導權，而是肯定了無產階級在統一戰線中的領導地位；3.肯定了無產階級文學是「國防文學」的中堅力量，闡述了「國防文學」的階級性和民族性的一致性㉜。中共並且強調，這個口號的提出是歷史的必然，它不是個人的行動，也不是三十年代初蘇聯「國防文學」口號的照搬㉝。

對於提倡「民族革命戰爭的大衆文學」的魯迅，中共現在也恭維說，他提醒了左翼作家們，不要忘掉無產階級文學運動的戰鬪傳統，不能丢掉在統一戰線中的領導權㉞。所以，魯迅的行動被視爲絕非多此一擧，而與當時反「左」的主要危險毫不矛盾。中共現在重估兩個口號的論爭，提出了一種穩當的看法：魯迅認爲兩個口號可以「並存」的說詞是最正確的㉟。至於魯迅提到「民族革命戰爭的大衆文學」是一個總的口號，而「國防文學」則是居於其下的應變口號的看法，

㉛ 同註㉙。

㉜ 同註㉙。

㉝ 吳黎平：「關於三十年代左翼文藝運動的若干問題」，文學評論雙月刊，一九七八年第五期。

㉞ 黃修己：「魯迅的『並存』論最正確——再評一九三六年文藝界爲建立抗日統一戰線的論爭，文學評論雙月刊，一九七八年第五期。

㉟ 同註㉞。

中共就難以解釋得圓滿了。」

四、結論

觀察了中共重估三十年代的文藝運動以後，我們有怎樣的體認呢？

中共在重新肯定三十年代左翼文藝運動的價值時，經常引用毛澤東當年在「新民主主義論」及其他著作中對它的恭維語。其實，這適足以襯托出毛對三十年代文藝的利用與日後的摧殘。世人皆知，毛在六十年代發動文化大革命的一個原因，就是要摧毀所有與「毛澤東思想」不合的文化思想，可知毛澤東對三十年代文藝的清算乃勢所難免，也早在其發表延安文藝講話後即已決定。

所以，任何借用毛澤東的主要言行來攻擊四人幫的舉措，都構成對史實的歪曲。例如，胡喬木在紀念「左聯」成立五十周年大會上說：「我們現在的文藝和文化仍然是左翼文藝和左翼文化，是三十年代的革命的文化運動的繼續。我們有過延安文藝座談會，但是延安文藝座談會的方向，仍然是三十年代左翼文藝運動的方向，也就是毛澤東同志所說的魯迅的方向㊱。」這段話可謂違反歷史常識。延安文藝座談會的方向，與三十年代左翼文藝運動最大的分野，

㊱ 胡喬木：「攜起手來，放聲歌唱，鼓舞人民建設社會主義新生活——在紀念『左聯』成立五十周年大會上的講話」，人民日報，一九八〇年四月七日。

就是前者以歌功頌德、「安邦定業」爲目標，而後者以暴露黑暗，發揚人道等自許。毛澤東所以要批鬬三十年代文藝，就是要除去這種奢侈的信仰。因此，中共今天以毛澤東的言行來重新肯定三十年代文藝，徒然喚醒了老作家們的餘悸，同時也加深了世人對中共言行的一貫不信任感。

「中國左翼作家聯盟」新探

一、文壇風暴中心

「中國左翼作家聯盟」簡稱「左聯」，於一九三〇年成立於上海。中共賦予它的任務不止一端：不但要繼承「創造社」、「太陽社」等未竟的革命文學運動，強化對敵思想鬪爭，更圖鼓動宣傳，促成左翼陣營的擴大堅實，充作共黨對當時國民政府文化攻勢的先鋒。

「左聯」在三十年代的中國文壇上，的確扮演了一個風暴中心的角色。它於成立綱領中，明揭「站在無產階級的解放鬪爭的戰線上，攻破一切反動的保守的要素」，並且毫不諱言「我們的藝術不能不呈獻給『勝利，不然就死』的血腥的鬪爭」，顯示其好戰的本質。雖然如此，它却以「左翼」自稱，可見想掩飾「聯盟」的共產主義性質❶。魯迅從被指責是「小資產階級意識」，

❶ 夏志清：中國現代小說史，傳記文學出版社，一九七九年九月初版，一四七頁。

變爲成立會的主席之一，就說明「左聯」當時已在執行中共的統戰策略。

中共在三十年代蘇區以外影響力的擴大，首功應歸「左聯」❷。因此，中共一九八○年在紀念「左聯」成立五十周年時，自然稱讚它的歷史貢獻，也透露了若干過去罕爲人知的事蹟，值得我們探討。

二、「左聯」成立前夕

「革命文學」的口號在二十年代正式提出以後，曾經引起劇烈的論戰，其中以創造社和太陽社對魯迅的攻擊爲首要，造成了中共在統一文運前的混亂與紛爭。這種紛爭的平息，得力於雙方因彼此需要而做的節制。「誤會消除」之後，「左聯」問世。

過去我們知道，左翼作家（包括共產黨員作家）和魯迅的轉爲合作，是從一九二九年十月開始的。現據夏衍透露，早在一九二六年時，郭沫若就在廣州向魯迅建議大家聯合辦雜誌，魯迅還「欣然表示同意」。但是由於「時局的變化」，此一建議未能實現❸。

一九二七年冬，魯迅回到了上海。最早和他接觸的共產黨員，現在說是李求實（即李偉森）。

❷ 胡秋原：一百三十年來中國思想史綱，學術出版社，一九七三年十二月初版，八十六頁。

❸ 夏衍：「左聯雜憶」，人民日報，一九八○年三月一日。夏衍在此處表示，這件事是郭沫若一九三七年從日本回到上海時對他說的，當時正是魯迅逝世一周年的前夕。郭沫若與魯迅素來不睦，魯迅死後仍受中共吹捧，郭乃強調與魯的舊誼，自有投機的成分在焉。

他曾與夏衍談過和魯迅來往的情形，並表示建議過左翼文藝工作者之間應該相互瞭解，團結對敵❹。這個建議在當時顯然並未收效。

世人皆知，第三國際成立於一九一九年，兩年後中共成立，成爲第三國際的中國支部。「左聯」得以成立，其背景與地位亦與此同。這段經過現由周揚和蕭三透露出來，才爲大家所確知。「左聯」和中共一樣，均屬共產國際催生下的產品，也都接受莫斯科的領導。

一九二八年和三〇年，蘇聯於擴大全球宣傳攻勢之際，在莫斯科和哈爾科夫先後召開了「世界革命作家大會」，成立了「國際革命作家聯盟」，並用各種文字發行機關刊物。中國的「左聯」成爲這個聯盟的正式成員之一，蕭三就是「左聯」派往該處的常駐代表。正如周揚所說，「左聯」是國際無產階級文藝運動的一個組成部分❺。它從醞釀期起，就是在這樣的國際影響之下進行籌備的，而中共在當時首先要做的，自然是爭取魯迅。

在革命文學運動展開以後，出現了創造社、太陽社與魯迅的一場論爭。創造社批評魯迅的文章，主要發表在「創造」月刊和「文化批判」上，「流沙」和「日出」旬刊中也有對魯迅的短諷。魯迅被稱爲「資產階級的代言人」、「中傷革命」、「封建餘孽」、「小資產階級的根性」、「

❹　同註❸。
❺　周揚：「繼承和發揚左翼文化運動的革命傳統——在紀念『左聯』成立五十周年大會上的講話」，人民日報，一九八〇年四月二日。

不得志的法西斯蒂」等。茅盾也被指為帶有資產階級的意識，「對無產階級是反對的❻」。攻擊魯迅的包括錢杏邨、成仿吾、馮乃超、李初梨等，其中錢杏邨又猛烈批評茅盾。魯迅和茅盾不甘示弱，都曾提筆反擊，但內心受困的感覺自屬難免❼。

到了一九二九年秋，中共正式過問這件事。當時擔任「江蘇省委宣傳部長」的李富春，約於九月裏找創造社的陽翰笙談話，地點是在上海霞飛路的一家咖啡館。李富春訓令創造社立刻停止攻擊魯迅。他表示魯迅要是站到共產黨的立場來，站到左翼文化戰線上來，該有多麼巨大的影響和作用，所以他要求陽翰笙儘速解決此事。

兩天以後陽翰笙會見潘漢年，後者表示他也接到了同樣的通知。於是兩人商量先開個黨員會議，傳達李富春的意旨。他們當時決定找的人是夏衍、馮雪峯、柔石，以及創造社的馮乃超、李初梨，太陽社的錢杏邨、洪靈非，連同自己共九個人。

這個黨員會議由潘漢年主持，最後大家總算意見一致，決定停止批評魯迅，即使遭魯迅批評

❻引自藝莎：中國新文學大系續編第一集導言，香港文學研究社，一九六八年出版，二十四頁。

❼例如魯迅在三閒集序中就哀怨道，當他到了上海，「却遇見文豪們的筆尖的圍剿了。創造社，太陽社，『正人君子』們的新月社中人，都說我不好，連並不標榜文派的現在多昇為作家或教授先生們，那時候的文字裏，也得時常暗暗地奚落我兩句，以表示他們的高明」。他更感慨青年對他的冷落：「這時候，有一個從廣東自云避禍逃來而寄住在我的寓裏的廖君，也終於忿忿的對我說道：『我的朋友都看不起我，不和我來往了，說我和這樣的人住在一處』」。

也不要反駁。另外更決定派三個人去訪魯迅，告以共產黨要停止這次論爭，並批評了黨員不正確的做法。去的三個人是馮雪峯、夏衍和馮乃超。魯迅見到了他們「還是很高興的，笑容滿面的❽」，表示願意團結起來。

此後中共江蘇省委文化支部開了幾次會，醞釀成立「左聯」，以便黨內黨外能夠統一行動。先後在一起開會的有潘漢年、錢杏邨、夏衍、馮乃超、陽翰笙、馮雪峯、柔石、孟超、彭康、李一氓和李初梨等，最後產生了十二人的籌備委員會。據陽翰笙的記憶，這十二人是魯迅、潘漢年、錢杏邨、夏衍、馮乃超、馮雪峯、柔石、洪靈菲、李初梨、蔣光慈、鄭伯奇和陽翰笙❾。另據夏衍的回憶，則無潘漢年和李初梨，而易以戴平萬和彭康❿。夏衍指出，十二人中除了魯迅和鄭伯奇外，都是共產黨員。

❽ 陽翰笙：「中國左翼作家聯盟成立的經過」，文學評論，一九八〇年第二期，一九八〇年三月十五日出版，十六頁。我們在此可以指出，魯迅當時的高興是必然的，因爲他在當時有被人擡轎上山稱王的感覺，何況轎夫原屬不知敬老的難纏青年。魯迅的勝利感表現在後來答覆姚克的信裏：「革命文學的作家（原註：舊仇創造社，新成立的太陽社），所攻擊的是我，加以舊仇新月社，一同圍攻，乃爲『衆矢之的』。……到了一九三〇年，那些『革命文學家』支持不下去了，創、太二社的人們，始改變戰略，找我及其他先前爲他們所反對的作家，組織左聯。」

❾ 同註❽。

❿ 夏衍：「『左聯』成立前後」，文學評論，一九八〇年第二期，一九八〇年三月十五日出版，第四頁。

籌備會通常每週開一次，有時隔兩三天也開過，地點幾乎固定在北四川路有軌電車終點站的「公啡」咖啡館二樓。中共訓令其中黨員小組的任務有二：一、擬出「左聯」發起人名單；二、起草「左聯」綱領。難點是在後者，因爲籌備會的成員多半只懂日文而不諳其他外文，參考的主要資料是日本「納普」的綱領。蔣光慈懂俄文，但他不常參加開會，說是寫作忙，不過他也談過蘇聯「拉普」的綱領和組織情況。

發起人名單則比較容易擬定，大多是左傾作家和共產黨員作家，不過也有一些非作家，例如戲劇、美術、音樂或社會科學工作者。這份名單討論了幾次，當時「左翼戲劇家聯盟」和「左翼社會科學家聯盟」都尚未成立，因此就有戲劇等工作者應邀參加。以上這兩個文件是在一九三〇年一月下旬原則上定稿的⓫。這段期間，馮雪峯、馮乃超和夏衍，有時加上潘漢年，曾和魯迅談過籌備的情況。

「左聯」的綱領是馮乃超起草的⓬，連同擬好的發起人名單，由馮和夏衍拿去徵求魯迅的意見。魯迅很仔細也很吃力地讀了那份簡直像從外文翻譯過來的綱領，後來慢慢地說：「我沒意見，同意這份綱領。」又說：「反正這種性質的文章，我是不會做的⓭。」後面這句話，說明了魯迅和共黨作家畢竟有所差異。

⓫ 此據夏衍的回憶，同註⓾。
⓬ 同註❽。
⓭ 同註⓾。

籌備會還擬定了「左聯」的組織機構、內部分工以及和國內外作家聯繫的方案。決定設置常務委員會，以及馬克思主義文藝理論研究會、國際文化研究會、文藝大衆化研究會等。魯迅被捧爲旗手和盟主，這在當時已無異議，但討論過用什麼名義。有人建議叫委員長，有人建議叫主席，皆未獲魯迅同意。因此，「左聯」被視爲實行了集體領導。同時，共黨作家却又向魯迅表態，說魯迅是大家的領導人，「重要的事情一定要得到他的同意，他雖然沒有用語言表示，事實上是同意了⑭」。

籌備會還決定「左聯」成立組織部、宣傳部和編輯部。又確定了在成立會上先由鄭伯奇和馮乃超報告籌備經過，講話的則有魯迅、彭康（代表社會科學方面）、田漢（代表戲劇方面）和陽翰笙（代表黨組織）。

三、「左聯」成立會上

一九三〇年三月二日下午二時，「左聯」在上海北四川路竇東安路的中華藝術大學一間教室

⑭同註⑩。值得一提的是，「重要的事情一定要得到魯迅同意」這句話，中共並沒有做到。例如「左聯」解散時內部就未經好好的討論。馮雪峯在回憶魯迅一書中指出，「黨員作家對魯迅先生這樣和左聯有那麼重要關係的人，只簡單地徵詢了一下他的意見，而沒有和他深刻地研究，這做法是有很大缺點的」。所以魯迅和馮雪峯談起時，自然「有點憤慨」。他始終拒絕參加周揚組織和把持的「中國文藝家協會」，並且提出「民族革命戰爭的大衆文學」，作爲當時文藝運動的口號，如此展開了環繞兩個口號的論爭。

裏召開了成立會，原來創造社的一些人在中華藝術大學教書，所以常借用該校的場地。

成立會的程序是：首先推定魯迅、夏衍和錢杏邨三人爲主席團，然後由馮乃超報告籌備經過，鄭伯奇對「左聯」的綱領加以說明，接着由「中國自由運動大同盟」的代表潘漠華致祝詞，魯迅、彭康、田漢、陽翰笙等相繼發表演說。會中推定了夏衍、馮乃超、錢杏邨、魯迅、田漢、鄭伯奇和洪靈菲七人爲執行委員，周全平和蔣光慈二人爲候補執行委員⑮。大會通過了「左聯」理論綱領和行動綱領的要點，通過了成立「馬克思主義文藝理論研究會」等機構，創刊「左聯」機關雜誌「世界文化」等，通過了與各「革命團體」發生密切關係、參加「工農教育組織自由大同盟分會」、與國際左翼文藝團體建立聯繫等提案。

當時通過的「左聯」理論綱領全文是：

「社會變革期中的藝術，不是極端凝結爲保守的要素，變成擁護頑固的統治之工具，就是傾向進步的方向勇往邁進，作爲解放鬪爭的武器。也只有和歷史的進行取同樣的步伐，藝術才能夠煥發它的明確的光芒。

詩人如果是預言者，藝術如果是人類的導師，他們不能不站在歷史的前線，爲人類社會的進化，清除愚昧頑固的保守勢力，負起解放鬪爭的使命。

然而，我們並不抽象的理解歷史的進行和社會發展的眞相。我們知道帝國主義的資本主義制

⑮ 這個名次是按「左聯」機關雜誌「拓荒者」第一卷第三期的報導排列的，引自同註⑩。

度，已經變成人類進化的桎梏，而其『掘墓人』的無產階級負起其歷史的使命，在這『必然的王國』中作人類最後的同胞戰爭——階級鬪爭，以求人類徹底的解放。

那麼，我們不能不站在無產階級的解放戰爭的戰線上，攻破一切反動的保守的要素，而發展被壓迫的進步的要素，這是當然的結論。

我們的藝術不能不呈獻給『勝利，不然就死』的血腥的鬪爭。

藝術如果以人類的悲喜哀樂爲內容，我們的藝術不能不以無產階級在這黑暗的階級社會之『中世紀』裏面所感覺的感情爲內容。

因此，我們的藝術是反封建階級的、反資產階級的、又反對『失掉社會地位』的小資產階級的傾向。我們不能不援助而且從事無產階級藝術的產生。

我們的理論要指示運動的正確的方向，並使之發展，常常提出新的問題而加以解決，加緊具體的作品批評，同時不要忘記學術的研究，加強對過去藝術的批判工作，介紹國外無產階級藝術的成果，而建設藝術理論。

我們對現實社會的態度，不能不參加世界無產階級的解放運動，向國際反無產階級的反動勢力鬪爭。」

這份像是拙劣譯文的綱領後面，還附了一個行動綱領，要點是：㈠我們文學運動的目的，在求新興階級的解放。㈡反對一切對我們的運動的壓迫。同時決定了主要的工作方針是：㈠吸收國外新興文學的經驗，以及擴大我們的運動，要建立種種研究的組織。㈡幫助新作家的文學的訓練，並提拔工農作家。㈢確定馬克思主義的藝術理論及批評理論。㈣出版機關及叢書小叢書等。㈤從事產生新興階級文學的作品。

我們對照了理論綱領和行動綱領，便可知後者所說的新興階級，其實就是前者強調的無產階級。總括全部綱領觀之，中共認為「左聯」的成立有兩個重要意義：首先它是有目的、有意識、有計畫的領導並發展中國的革命文學運動。其次是加強思想戰線上的鬥爭，透過文學這一藝術武器，去做宣傳鼓動的工作，爭取廣大羣衆走向「革命陣營」⑯。不過，中共的新文學史書也指出，綱領有着比較重大的缺點：主要是沒有把作家的深入生活和思想改造，提到無產階級革命文學運動的日程上來；同時也沒有號召和策動更多的作家來參加革命文學陣營，因此削弱了戰鬥的力量⑰。

當然，魯迅「在當時便已看出和指出」這些情況，所以他在成立會上演講時，就表示假如不和實際的社會鬬爭接觸，假如不明白革命的實際情形，都容易變成「右翼」。他說革命是痛苦，其中也必然混有汚穢和血，絕非詩人想像的那般有趣完美；革命尤其是現實的事，需要各種卑賤麻煩的工作，決非詩人想像的那般浪漫；革命當然有破壞，然而更需要建設，破壞是痛快的，但

⑯ 張靜廬：中國現代出版史料，乙編，上海中華書局，一九五五年出版，四十頁。
⑰ 劉綬松：中國新文學史初稿，上册，北平作家出版社，一九五七年出版，二一五頁。

建設却是艱難的事。「所以對於革命抱着浪漫諦克的幻想的人，一和革命接近，一到革命進行，便容易失望」。這番見解，頗似出自革命理論家之口。我們知道，此時他已被「准許革命」了。

關於「左聯」成立後的工作，魯迅也在講話中提出幾點：㈠對於舊社會和舊勢力的鬪爭，必須堅決，持久不斷，而且注重實力；㈡戰線應該擴大；㈢應當造出大羣的新戰士。他說如果人手多了，則翻譯的可以專翻譯，創作的可以專創作，批評的可以專批評；如此對敵人應戰，也軍勢雄厚，容易克服敵人。關於這點，魯迅「帶便」地說一件事：「前年創造社和太陽社向我進攻的時候，那力量實在單薄，到後來連我都覺得有點無聊，沒有意思反攻了，因爲我後來看出了敵軍在演『空城計』。那時候我的敵軍是專事於吹擂，不務於招兵練將的；攻擊我的文章當然很多，然而一看就知道是化名，罵來罵去都是同樣的幾句話。我那時就等待有一個能操馬克斯主義批評的槍法的人來狙擊我的，然而他終於沒有出現。」這番話表現出魯迅不忘舊惡的個性，不同於昔的是，此時他已高談主義。

魯迅接著指出，在急於造出大羣新戰士的同時，文學戰線上的人還要「韌」。所謂韌，就是不要像前清做八股文的「敲門磚」似的辦法。最後，他認爲聯合戰線是以有共同目的爲必要條件的，戰線不能統一，就證明目的不能一致，或者只爲了小團體，或者其實只爲了個人，「如果目的都在工農大衆，那當然戰線也就統一了⑱」。

⑱ 魯迅：「對於左翼作家聯盟的意見」——三月二日在左翼作家聯盟成立大會講——收入二心集。

魯迅提出的這些任務，是被視為一般性、原則性的。至於「文學理論的建設」方面，潘漢年又指出了四點：㈠馬克思主義文學理論的宣傳與鬭爭——一方面要介紹外國已有的無產階級文學理論，一方面要加緊馬克思主義的社會科學理論的研究與宣傳。㈡確定中國無產階級文學運動理論的指導——要注意到文學運動與政治鬭爭任務的聯繫，確定鬭爭的策略與路線。㈢發展大衆化的理論與實際，作品大衆化應成爲目前運動的中心理論——用合於工農兵文化水準的文藝去鼓勵與煽動，是迫切主要的工作。㈣自我批判的必要——自己陣營內工作的檢討與批判，將加強運動的成果⑲。

潘漢年提出的這四點，其實與眞正文學理論的建設無關，倒與政治鬭爭密切有關。中共認爲這些任務後來大體都實現了，例如對於馬克思文藝理論的研究，除了當時就成立的有關研究會之外，隨後還成立了普羅詩社、無產階級文藝俱樂部等社團，都是以馬克思主義文藝理論作爲中心指導的。

「左聯」當時的機關刋物也致力於此。刋物包括如下多種：㈠萌芽：由萌芽社編，光華書局出版，刋行五期被禁，第六期改名新路，出一期又改爲文學月報，蓬子主編。㈡拓荒者：由蔣光慈主編，現代書局出版，是由原先的新流月刋改組的，第六期又改名爲海燕。㈢北斗：由丁玲主

⑲ 潘漢年：「左翼作家聯盟的意義及其任務」，原載拓荒者第一卷第三期，引自中國現代出版史料，乙編，四十一頁。

編，湖風書局出版。此外還有前哨、文學導報、巴爾地山、文學、十字街頭、世界文化等。外圍刊物則有文藝新聞、大衆文藝、現代小說、南國月刊、引擎月刊和文藝講座等。

至於大衆文藝的研究，當時曾做爲中心問題展開熱烈討論。周揚現在透露，「左聯」的文藝爲大衆、寫大衆、大衆寫的口號，「左聯」執行委員會發出的全體盟員「到工廠、到農村、到戰場上、到被壓迫羣衆當中去」的號召，都是根據列寧的觀點提出的⑳。由此更可證明，「左聯」的重要做法，皆以「無產階級的祖國」馬首是瞻。而其成立後特別加強的工作，便是中共所指「和當時的革命運動緊密結合以及和反動政治頑強鬪爭」，這也說明了「左聯」從成立的第一天——乃至胎孕期起，就在服「政治役」。

「左聯」的成立會是在秘密情況下召開的。由於保密的需要和經驗的缺乏，上述的演說和報告都沒有現場記錄。魯迅的講詞是在三、五天後，由馮雪峯根據記憶草成，並將魯迅平日所說的補充進去，最後經魯迅親自審閱而定稿的㉑。由於魯迅在演講時仍批評創造社和太陽社，所以到會者中就有人對他不滿。馮雪峯在會後聽見有幾個人說：「魯迅講的還是這些話。」這種牴觸的情緒反映了兩種態度：一是認爲魯迅沒有改變；二是認爲魯迅老生常談，不足重視㉒。證諸魯迅

⑳ 同註❺。

㉑ 見馮雪峯一九七三年九月十一日的回憶，引自同註❿。

㉒ 馮夏熊整理：「馮雪峯談左聯」，原刊新文學史料第六輯，後選入新華月報文摘版，一九八〇年五月號，一七〇頁。

日後「醬」在「左聯」中的痛苦與悲哀㉓，可知共產黨拉攏同路人時，自始至終都未予眞正的尊重。

四、出席名單問題

另外值得探討的是「左聯」成立會上出席者的名單問題。由於此會是秘密召開的，現場又沒

㉓ 身爲「左聯」的名義領袖，魯迅在晚年頗感自哀。他憤怒地回覆徐懋庸的攻擊之後，另致信給楊霽雲說：「因爲不入協會，羣仙就大佈圍剿陣，徐懋庸也明知我不久之前，病得要死，却雄赳赳首先打上門來也。……一天……其實，寫這信的雖是他一個，却代表着某一羣，試一細讀，看那口氣，卽可了然。」所謂「某一羣」卽指中共的文運負責人周揚等。

在一九三五年九月十二日致胡風函裏，魯迅更表露了被壓迫的心情：「一到裏面去，卽醬在無聊的糾紛中，無聲無息。以我自己而論，總覺得縛了一條鐵索，有一個工頭背後用鞭子打我，無論我怎樣起勁的做，也是打，而我回頭去問自己的錯處時，他却拱手客氣的說，我做得好極了，他和我感情好極了，今天天氣哈哈哈。」所謂「裏面」是指「左聯」，「工頭」卽周揚。

胡風曾問魯迅，是否三郎（蕭軍）應該加入共黨？魯迅在同函中答道：「這個問題我可以毫不遲疑的答覆你，不要加入！現在在文藝作家當中，凡是在黨外的都還有一點自由，都還有點創作出來，一到了黨裏去就醬在種種小問題爭論裏面，永遠不能創作了，就醬死了。」這些話道盡了魯迅在晚年無法創作，以及共黨作品乏善可陳的原因。

有簽名或記錄，所以參加者的名單一直不能完全確定。可以肯定的是，茅盾、郭沫若、周揚和瞿秋白等人，當時分別在日本和蘇聯，因此沒有出席。另外郁達夫當天因有私事未能到會，蔣光慈則因病沒有出席[24]。

「左聯」的機關刊物拓荒者於會後發行的一卷三期中，報導了參加者的名單如下：魯迅、馮乃超、華漢（陽翰笙）、龔冰廬、孟超、莞爾、丘韻鐸、沈端先（夏衍）、潘漢年、周全平、洪靈菲、戴平萬、錢杏邨、畫室（馮雪峯）、黃素、鄭伯奇、田漢、蔣光慈、郁達夫、陶晶孫、李初梨、彭康、徐殷夫、朱鏡我、柔石、林伯修、王一榴、沈葉沉（沈西苓）、馮憲章、許素之等。

這份名單並不完整，其中郁達夫、蔣光慈應屬多列。大陸赤化後的上海「魯迅紀念館」中，則陳列了一張參加「左聯」成立會四十七人的檔案名單，比對之下多出了王潔予、顧鳳城、王任叔（巴人）、許峨、馮鑑、杜衡、侍桁、吳貫中、魯史、劉錫五、葉靈鳳、戴望舒、徐迅雪、程少懷、陳望道、郭沫若、沈起予、蓬子、馮潤章等[25]。

這份名單仍不盡準確，其中郭沫若時在日本[26]，應屬多列。它又至少漏列了李求實、潘漠華、

[24] 同註[10]。
[25] 丁景唐：「關於參加中國左翼作家聯盟成立大會的盟員名單（校訂稿）」，收入「中國現代文藝資料叢刊」第五輯，四〇頁，上海文藝出版社，一九八〇年十二月第一版。
[26] 同註[10]。

龐大恩、童長榮等㉗。如此統計的結果，有案可稽的出席者已近五十名。值得一提的是，中共同意披露的這份名單中包括了杜衡，他就是在兩年後聲援胡秋原先生，與「左聯」展開了文藝自由論戰的「第三種人」。若果如此，成立會的出席者並非全爲中共的擁護者。

「左聯」是一個秘密社團，有關其成立經過的資料，過去足供參考的並不太多。一九八〇年中共於紀念「左聯」成立五十周年之際，刊布了不少當年參加者的回憶文字，所有的內容都已再度證明，這個充當政治鬬爭工具的社團，是聽命於中共當時的主人——共產國際的。中共現在誇耀「左聯」的成就，包括「配合紅軍」從事地下鬬爭、宣揚馬克思主義文藝理論、爲共產黨培養大批宣傳和文化人才等㉘，說明它造成了三十年代文壇的汚染，使純正文學受害。所以「左聯」在中國新文學史上扮演的是一個反面的角色㉙，一個政治附庸的角色。

㉗ 同註⑩。其中李求實是日後的「左聯五烈士」之一，時爲上海共青團的負責人。潘漠華等人均爲中共當時的黨工人員，所以特別保密。

㉘ 同註⑤。

㉙ 司馬長風：「周揚談『左聯』」，香港明報，一九八〇年四月十八日。

「中國左翼作家聯盟」再探

筆者前撰「中國左翼作家聯盟新探」❶，探討「左聯」成立的背景和經過。今試以「中國左翼作家聯盟再探」爲題，進一步析述其成立以後的事蹟。

一、成立後的活動

「左聯」是在中共的策畫下成立的，中共製造它的初衷，即在利用文藝來推動政治工作。所以「左聯」一成立，內部就有了中共的黨團。據陽翰笙不久前的回憶❷，擔任黨團書記的，按時

❶ 該文可與本文合稱爲「左聯成立前後」。

❷ 陽翰笙：「中國左翼作家聯盟成立的經過」，文學評論，一九八〇年第二期，一九八〇年三月十五日出版，一六——一七頁。另外夏衍在同期發表「左聯成立前後」一文，部分內容則與陽翰笙所述有出入。在夏衍的記憶中，「左聯」第一任黨團書記是馮乃超。一九三一年馮調往武漢工作，由馮雪峯繼任。一九三二年以後則由周揚擔任，直到一九三六年「左聯」解散爲止。

相較之下，陽翰笙的回憶可能更準確，因爲他記得自己擔任過這份職務，而夏衍則至少漏列了陽翰笙。

間順序是：

1.潘漢年（一九三〇年三月開始，後來可能調到中共中宣部工作）。

2.馮乃超（爲時較短，後來調到武漢工作）。

3.陽翰笙（一九三〇年下半年到一九三二年下半年，後來調到中共中央「文委」和「文總」）。

4.錢杏邨（時間也較短）。

5.馮雪峯。

6.葉林（又名椰林，後來去江西蘇區）。

7.周揚（一九三三年下半年開始）。」

參加「左聯」黨團的成員，除上述諸人外，先後還有夏衍、洪靈菲、柔石、田漢、胡也頻等。「左聯」上面的領導機關是「文總」（卽「中國左翼文化總同盟」❸），它也設有黨團。「文委」則是屬於中共中央宣傳部的機構，其成員同時也是「文總」的黨團成員，卽一套班子兩塊招牌。擔任「文委」書記（同時也是「文總」黨團書記）的，先後是：潘漢年、朱鏡我、馮雪峯（爲時較短）、陽翰笙（一九三二年下半年到一九三五年初）、周揚（一九三五年初到結束）。

❸「中國左翼文化總同盟」正式成立於一九三二年六月。「左聯」、「社聯」、「劇聯」都由其管轄，其中「社聯」底下還有教育工作者聯盟、新聞記者聯盟。

參加「文委」的成員，先後還有杜國庠、彭康、王學文、夏衍、田漢、錢杏邨、錢亦石等。

「左聯」成立後不久，就在上海先施公司附近的貴州路建立了一個秘密機關。現據夏衍回憶[4]，管這機關的是唐瑜。當時由於缺乏經費和資料，再加上把「左聯」的主要工作集中在散傳單和標語等活動上面，所以馬克思主義文藝理論研究會等並沒有正式的組織，純由個人分別進行工作。夏衍當時名義上負責的是國際文化研究會，但實際上只是在聯繫各國的左翼文藝團體。

「左聯」成立前後，有三名外國人協助過工作。一名是美國的史沫特萊，名義上是德國佛蘭克福日報駐上海的記者。在「左聯」成立之前，她曾受第三國際的訓令拉攏魯迅，為之吹捧。一名是尾崎秀實，時任日本朝日新聞駐上海特派員。還有一名是山上正義，時任日本共同通訊社駐華記者。「左聯」成立情況、綱領和名單，以及一九三一年「五烈士」的新聞報導、「左聯」告國際左翼作家書等文件，都是透過上述三人向國外發出的。

夏衍在一九二八年就認識了尾崎秀實，後者被形容成一個表面上具有紳士氣派的記者，却是當時在上海的日本共產黨和左翼人物的核心。他和美共史沫特萊經常聯繫，並將一些國際無產階級的動態告訴「左聯」。

一九三〇年五月下旬，胡也頻、馮鏗參加了「蘇維埃區域代表大會」之後，「左聯」決定向全體盟員做一次傳達報告，但是苦無場地。當時虹口的日本人勢力很大，尾崎就以駐滬日本記者

[4] 夏衍：「『左聯』成立前後」，文學評論，一九八〇年第二期，一九八〇年三月十五日，第六頁。

俱樂部值月主管的身份，借該俱樂部召開了一次超過五十人的「左聯全體盟員大會」。夏衍記得會議開始後，當胡也頻報告時就有人高呼「蘇維埃萬歲」、「保衛蘇聯」等口號。此舉充分顯示了「左聯」乃至中共，在國難日亟的當時，仍以階級利益爲重，而置民族利益於不顧。

「左聯」成立後的第一次全體盟員大會，是在一九三〇年四月底召開的，地點在上海的一家旅館裏。這個會議表面上是檢討「左聯」成立兩月以來的工作，實際上則是爲了籌備所謂「紅五月」的行動。因爲五月間有許多紀念日：五一勞動節、五七和五九國恥日、五卅紀念日等，所以在五月份內就不斷的貼標語和散傳單。「左聯」當時規定，凡屬盟員都須參加這些活動，結果有不少人被捕。魯迅批評他們「赤膊上陣」，主要是指這類事情而言。

「左聯」該年展開的五一勞動節具體活動包括了：1.召集上海各左翼雜誌聯合出版紀念五一的號外；2.發表五一宣言；3.漫畫研究會出版五一畫報；4.製作五一歌❺。其中五一紀念的號外特刊，連署的有新思潮、新文藝、藝術月刊、巴爾底山、萌芽月刊、環球月刊、文藝講座、社會科學雜誌、新婦女、拓荒者、現代小說、大衆文藝、南國月刊等十三個單位，內有七篇文章：1.左翼作家聯盟「五一」紀念宣言；2.無產階級的五月節；3.今年五月國際的意義；4.今年的五一；5.擁護蘇維埃區域代表大會；6.由五一想到四一二；7.五一紀念中兩隻「狗的跳舞」——王獨

❺ 這項報導原載萌芽月刊第五期，引自張靜廬：中國現代出版史料乙編，四十八頁。

清與梁實秋。特刊共印三萬份，每位讀者可索取一份❻。」

「左聯」除如前述，派代表出席蘇維埃區域代表大會外，還籌組蘇聯文化參觀團，幫助「上海青年反帝大同盟」搞鬪爭，並有不少盟員「走到工廠裏面從事實際革命活動」。當然，「左聯」這些活動並非無組織無領導的。前面提到的「文總」就是中共當時文化統戰的總組織，它是由「左聯」、「左翼社會科學家聯盟」、「左翼戲劇家聯盟」等組成。其中「社聯」的主要負責人有杜國庠、彭康、李一氓、錢亦石、王新元、何敬之、艾思奇等。此外還有三個人數較少的小組，即音樂小組、美術小組和電影小組，也歸「文總」管轄❼。在「文總」屬下的各團體中，以「左聯」成立最早，人數最多，陣容聲勢也最大，是「文總」的主力軍。

二、最重要的文件

一九三一年十一月，「左聯」的執行委員會決議了「中國無產階級革命文學的新任務」❽。

❻ 原載出版月刊第五期，引同註❺，四十八頁。

❼ 同註❹，第九頁。

❽ 原載文學導報第八期，收入錢杏邨「一九三一年中國文壇的回顧」一文內，見北師大中文系現代文學改革小組編：中國現代文學史參考資料一卷上冊，二八七——二九一頁。又見中國現代出版史料乙編，九〇——九五頁。

這份決議書是「左聯」成立以後最重要的文件，被視為「總的指導理論」。它首先分析了「世界的以及中國的革命形勢，指出了新時期的特別是中國文藝運動方面的客觀的特質」，然後據此決定了六種新任務，詳細說明大衆化的意義，還提到創作方面的題材、方法、形式諸問題，以及理論鬪爭和批評，最後說到組織和紀律。它的內容要點如下：

㈠對過去的批判：「左聯」認為，無產階級革命文學過去雖然完成了部分的歷史使命，但另一方面却顯得落後，未能負起主要積極的任務。其所以如此，卽因過去屢陷於右傾機會主義和左傾空談的錯誤中。所以「左聯」在「國際革命作家聯盟」第二次大會的指導下，必須嚴厲檢查自己的內容，不留情地展開對錯誤的鬪爭。

㈡新的任務：a在文學領域內加緊反帝的工作，特別是反對進攻蘇聯。b反對豪紳、地主、資產階級、軍閥和國民黨，特別是反對進攻蘇維埃紅軍。c宣傳蘇維埃革命，煽動與組織反蔣的一切鬪爭。d組織工農兵通信員運動、壁報運動等，由此促進無產階級作家與指導者的產生。e參加蘇區內外一切工農大衆的文教工作，幫助他們日常的鬪爭。f反對民族主義、法西斯主義、取消派等思想和文學。

㈢大衆化問題：無產階級革命文學新路線的最大問題，就是文學的大衆化。在創作、批評乃至組織方面，必須執行徹底的大衆化，如此才能完成蘇維埃革命的任務。

㈣創作問題：a作家必須注意中國現實社會生活中的廣大題材，尤其是最能完成新任務的題材；必須將那些「身邊瑣事」、小資產知識分子的「革命的興奮和幻滅」、「戀愛和革命的衝突」等題材拋棄。b作家必須從無產階級的世界觀來觀察和描寫，以成爲辯證的唯物主義者；必須研究馬列主義和蘇聯無產階級的文學作品和理論，展開和觀念論、機械論、主觀論、浪漫主義、粉飾主義、假客觀主義、標語口號主義的鬪爭。c文字必須簡明易解，使用接近工農的語文，必要時容許使用方言。

㈤理論鬪爭和批評：a必須和封建意識的舊大衆文藝鬪爭，並經由大衆的批評來克服作家的小資產階級性。b無產階級的文學理論家和批評家，必須對羣衆盡領導和組織的責任。c經常糾正「同志作家」的不良傾向，反對理論鬪爭的怠工、妥協、調和，以及掩飾的態度。

㈥組織和紀律：「左聯」是個有一致政治觀點的行動鬪爭團體，而非作家的自由組合。目前部內還沒有工農分子，這是組織上的最大弱點，必須從通信員、文藝研究會中吸收之，並對其他青年也施以嚴格的訓練與教育。要加强「左聯」領導，同時必須整飭紀律和嚴密組織，不許有反綱領和不執行決議的行動，不許有小集團的意識或傾向，不許有超組織或怠工的行動。

由這項「中國無產階級革命文學的新任務」決議案，我們可以明瞭共產黨文學觀的眞貌。這種「服役於政治」的文學觀影響所及，自然造成文學的窒息。若就決議案的本身看，我們亦可明瞭「左聯」實爲第三國際的御用團體。它强調要有一致的政治觀和行動鬪爭等，充分說明「左聯」不但是穿制服的筆隊伍，而且是隨時準備從事戰鬪的兵團。至於它宣稱要和主觀論、機械論、標語口號主義等鬪爭，實際上並沒有做到。「左聯」直到解散以後內部還發生了劇烈的「兩個口號之爭」❾，即其明證。

一九三一年到一九三三年，瞿秋白停留上海期間，參與了「左聯」的領導工作。在他的計畫下，「左聯」擴大了統戰的範圍。「左聯」中人過去是不准在政府報刊上發表文章的，此後就擠進了時事新報和晨報（由潘公展先生主辦）等報刊。石凌鶴當了上海第一大報申報的電影副刊編輯，王塵無也當了晨報的「每日電影」實際編輯。另外在東方雜誌、申報月刊等雜誌上，也有「左聯」盟員的文章，內容主要是批評時政。他們還以辛辣的雜文、隨筆和漫畫等，反對政府當時的「安內攘外」政策❿。

夏衍最近回憶，由於瞿秋白對實際政局的觀察和跟魯迅的親密關係，「他受黨中央的委託來領導我們，比魯迅暗示的意見更直接明確，更容易爲我們所理解和接受⓫」。衆所周知，夏衍是魯迅當年厭惡並批評的「四條漢子」之一（另外三人是周揚、田漢、陽翰笙）。多年後的今天，他似乎對此仍難忘懷。不過，夏衍的話實際上也說明了魯迅自始至終未曾正式加入共產黨，所以

❾ 關於「兩個口號之爭」的詳情，請見本書第四章：「中共對三十年代文藝運動的重估」。

❿ 同註❹，十一頁。

⓫ 同註❹，十一頁。

只能算是「左聯」的名義領袖。中共對魯迅只當做同路人，他們自有文化運動的路線，並非要魯迅實際領導⑫，因此魯迅在表達意見時，只好保持「暗示」的低姿態了。

一九三三年深秋，瞿秋白離開了上海，時爲中共中央遷到江西蘇區半年之後。後者在撤離上海時曾做出決定，爾後上海（實際上是東南一帶）的文化工作，改由中共的江蘇省委領導。時任江蘇省委宣傳部長的是馮雪峯，馮離開後由李少石繼任；李和「文委」聯繫不久就被捕了，再繼任該職的是朱鏡我⑬。

三、內部理論爭議

「左聯」成立以後，對內對外皆有論戰⑭。內部著名的理論爭議，則是大衆文藝和語文改革等問題。

早在五四時期，胡適和陳獨秀提倡文學革命，就在形式上鼓吹白話文，在內容上鼓吹平民文學，以求文學作品能有更多的讀者，普及到羣衆中去。一九二八年革命文學時期，成仿吾和克興

⑫ 曹聚仁：魯迅評傳，一〇三頁。

⑬ 同註④，十二頁。

⑭ 「左聯」成立後對外的論戰，包括與民族主義文學之爭、與自由主義文藝之辯、對幽默閒適小品的攻擊等。詳見拙作：「左聯對外的論戰」，分見東亞季刊，六卷四期及七卷一期，一九七五年四月及七月，一三八——一五〇頁及一二六——一四三頁。

等人也都指出，革命文學必須反映工農羣衆的思想和要求，必須具有較通俗的形式和爲工農所易解的語言，然後才可能普及到他們中間去⑮。

「左聯」成立時，大會通過了設置「文藝大衆化研究會」的議案，「文藝大衆化」此時被視爲無產階級革命文學運動的中心口號。一九三〇年三月和四月出刊的「大衆文藝」上，魯迅、郭沫若、馮乃超、鄭伯奇、蔣光慈、洪靈菲、馮雪峯、錢杏邨和田漢等人，都發表了有關的意見。

這次言論集中在「產生爲大衆所歡迎的作品」和「組織培養工農羣衆作者」兩個問題上，因此把發展工農通訊員運動看得很重要，其目的在使工農羣衆成爲文學作品的主要讀者，並想從中產生新作家。大衆文藝還開闢了「通訊欄」，發表過「工廠通信」、「紗廠通信」、「電力工廠鬪爭底經過」等文字。中共現在承認⑯，這次討論不够深入，談到文藝大衆化的重要意義時，實際上很少接觸到文藝本身的特點，並未達到應有的理論高度，對文藝界的情況和工農大衆的眞實生活，也缺少必要的分析。

一九三一年，「左聯」內部再度討論到文藝大衆化的問題。這次着重在具體的措施和途徑，

⑮ 分見成仿吾的「從文學革命到革命文學」、克興的「評茅盾的『從牯嶺到東京』」。此處的要點歸納，出自劉綬松的中國新文學史初稿上册，二三五頁。

⑯ 王瑤：「三十年代的文藝大衆化運動——紀念『左聯』成立五十周年」，文藝報，一九八〇年三月，二三頁。

因此多涉及文藝作品的語言、形式、體裁，以及內容和描寫技術等問題。換言之，話題已集中到「怎麼做」才爲大衆所歡迎這上面來。

一九三二年三月，「左聯」通過了一份「關於左聯目前具體工作的決議」，其中又强調要實行文藝大衆化。它同時指出，當時以知識分子和青年學生爲主要對象的非大衆化文藝作品，也應該在文字、體裁和描寫等方面實行大衆化，使其不僅成爲知識分子的讀物，而且也成爲大衆的讀物。這份決議說明「左聯」除了加强普及工作外，對作家的創作也同樣提出了大衆化的要求。魯迅就在這種要求下，寫了民歌體詩「好東西歌」、「公民科歌」、「南京民謠」和「言辭爭執歌」；瞿秋白也寫了「東洋人出兵」等。有關理論的探討規模也很大，「北斗」、「文藝新聞」都發起徵文，陳望道、鄭振鐸等人都撰文表示了意見。

瞿秋白此時的有關論文却引起了論戰。一九三二年三月，他發表了「普洛大衆文藝的現實問題」⑰，指出新式的白話文藝應該向羣衆學習。他又在文學月報創刊號上以「宋陽」爲筆名，發表了「大衆文藝的問題」⑱，說五四的新文化運動對於民衆彷彿是白費；而革命的大衆文藝必須從運用最淺近的普通話開始，例如說書、灘簧等形式。至於內容，則應當揭穿一切種種的假面具，

⑰ 該文初發表於一九三二年三月「左聯」出版的小冊子文學上，署名史鐵兒。現收入瞿秋白文集二，八五三——八七四頁。

⑱ 該文收入前書，八八四——八九三頁。

表現革命戰鬪的英雄。爲了迅速反映當時的革命鬪爭和政治事變，可以是急就的、草率的、大衆文藝式的報告文學。這種看法，充分顯示了瞿秋白極端功利的文學觀。

但是接着的文學月報第二期，却出現了茅盾（化名爲「止敬」）的一篇文章，題爲「問題中的大衆文藝」，對瞿秋白的主張提出異議。茅盾認爲要創作大衆文藝，必須用傑出舊小說的技術，至於文字問題則屬末節。他還透過調查的方法，證明當時各大都市並沒有「現代中國普通話」存在，因而認爲在當時創作大衆文藝，到底還不能不用通行的「白話」，即瞿秋白所謂的「新文言」。茅盾並且指出⑲，既然無法用固有的漢字來拼土話的音，用注音字母或國語羅馬字亦有未便，因此在打通難關之前，土話文學也只好暫時不論。

於是瞿秋白在文學月報第三期上有「再論大衆文藝答止敬」之作。他表示並未以爲口音完全統一的中國話已存在於全國，而只是說新興階級的言語事實上已經在產生着一種中國的普通話。他還對「新的文學革命」提出進一步的意見，認爲目的是要創造出勞動民衆自己的文學語言，而革命對象是新式文言的假白話和舊小說的死白話。

瞿秋白此時表示，他的綱領是要繼續五四的文學革命，眞正造成現代的中國文。此時必須先根據這種不完備的、沒有完全形式的中國普通話，造成一種比文言更優美的文字。「雖然這種普通白話，用漢文寫着仍舊是一種『糊弄局兒』。然而這種眞正白話——活人說得出來的話，很容

⑲ 引自李何林：近二十年中國文藝思潮論，三六三頁。

易用羅馬字母拼音而廢除漢字」。至於方言文學用的文字，瞿秋白說只有用羅馬字母拼音後才能徹底解決⑳。早在一九三一年，瞿秋白等卽在海參崴的「中國新文字第一次代表大會」上提出這些內容。

參加一九三二年「左聯」內部這次議論的，還有魯迅、周揚、何大白等。他們也擬出了幾個方案：1.舉辦工人夜校；2.建立工人讀書會；3.發展工農通訊運動。這些工作後來未見有多大開展。

一九三四年的「語文改革」問題論戰，先爲「復興文言」與「擁護白話」之爭。前者指摘白話文的缺點而提倡文言文，後者中的左翼作家則以白話文脫離羣衆而提倡大衆語，並以此來反對復興文言文㉑，於是這次論爭又使大衆語運動推展到新階段。

「左聯」方面發言者，自以魯迅爲最重要（瞿秋白此時已離開上海）。魯迅認爲漢字和大衆是勢不兩立的，所以要推行大衆語文，必須用羅馬字拼音（原註：卽拉丁化），而且要分區，每區又分爲小區。寫作之初，純用當地的方言，不够時只好採用白話、歐字，甚至語法。但在交通繁盛言語混雜的地方，又有一種比較普通的語文，已經採用着新字彙，這就是「大衆語」的雛形，它的字彙和語法卽可輸到窮鄉僻壤去。

⑳ 見瞿秋白文集二，八九三——九一三頁。

㉑ 同註⑯，二十六頁。

魯迅同時表示，普及拉丁化要在大衆自掌教育的時候。此際不妨先研究拉丁化法，並以廣東話之類讀者較多的語言做試驗，而且竭力將白話做得淺豁，使能懂的人增多。但仍應支持精密的所謂歐化語文。因爲講話倘要精密，中國原有的語法是不够的。在鄉僻處啓蒙的大衆語固然應該純用方言，但仍要改進，太僻的土語是不必用的。

魯迅之意，漢字的繁雜就是大衆語的根本障礙；而徹底解決的辦法，就是代之以拉丁化的新文字㉒。所以論爭的結論是：「倘要中國文化一起向上，就必須提倡大衆語、大衆文，而且書法更必須拉丁化㉓」。

四、「左聯」其他大事

「左聯」成立以來的重要事蹟，要如上述。另據共黨專書㉔，可補充若干「大事」如下：

1. 一九三〇年夏，中共派李立三約見魯迅，兩人討論了關於魯迅自己的「戰鬪的任務和方

㉒ 引自藝莎：中國新文學大系續編第一集導言，五十八頁。

㉓ 魯迅：「門外文談」，收入且介亭雜文。魯迅此處所謂「書法更必須拉丁化」的結論，與近半世紀後的今天實況不符。中共現在仍無法以羅馬字拼音（即拉丁化）來取代方塊字；臺灣教育普及的事實，更說明不必以廢除漢字來達此目的。魯迅所謂「漢字和大衆是勢不兩立的」這句話，已被證明禁不起時間的考驗。

㉔ 南京大學中文系編：左聯時期無產階級革命文學，三五四——三七〇頁。

法」等問題。

2.一九三一年四至五月，「左聯」開除了周全平、葉靈鳳、周毓英等人的會籍，因爲他們「叛變革命」。

3.一九三一年十月廿三日，「左聯」發表「告無產階級作家及一切愛好文藝的青年」一文，同時「國際革命作家聯盟」也作出「對於中國無產文學的決議」。

4.一九三二年三月九日，「左聯」秘書處召開了擴大會議，通過各委員會的工作方案、出版理論雜誌「文學」、創辦「工農小報」等決議。

5.一九三二年十二月，魯迅、茅盾、周揚、夏衍、田漢等五十五人，簽署「中國作家爲中蘇復交致蘇聯政府電」。

6.一九三三年春，瞿秋白以「何凝」的筆名編選了魯迅十五年來所寫的雜感，並撰「魯迅雜感選集序言」。

7.一九三三年八月，「世界反對帝國主義戰爭大會」在中共支持下召開於上海，制訂「反帝聯合會綱領」，魯迅、茅盾、田漢等三人聯名發表了「歡迎反戰大會國際代表宣言」。

8.一九三五年十月，魯迅編校瞿秋白的著作並主持出版，題爲「海上述林」。

9.一九三五年十月，中共「長征」抵陝北後，魯迅、茅盾拍電給朱毛「致賀」。

最近中共紀念「左聯」成立五十周年，又透露了一些「大事」如後：

1.「左聯」從一九三〇年三月成立到一九三六年解散，六年內除在上海設有本部外，還在北平、廣州、武漢成立了分盟，日本東京成立了支盟。「左聯」成立時的發起人約五十名左右，後來盟員擴展到一百五十名以上㉕。

2.一九三〇年六、七月，茅盾從日本回上海加入「左聯」，半年後被推為「左聯」行政書記㉖。

3.一九三三年十二月，「左聯」恢復了東京支盟，出版東流等機關刊物，受到魯迅和郭沫若的支持㉗（郭沫若時在日本）。該刊並響應「左聯」內部的提倡拉丁化，鼓吹無產階級革命文學。

凡此種種，大致說明了一個事實：「左聯」是個以文學為名而積極從事政治活動的團體。由於中共賦予盟員過多的政治訓令和鬪爭任務，以致他們無法定下心來寫好作品，自然也就「難乎其為作家」了。魯迅所有為人稱道的作品都執筆於加入「左聯」之前，加入後主要便只有「雜感」了。

㉕ 同註❹，十二頁。夏衍在此處表示，這個統計並不完整，有些分盟和東京支盟的成員，以及一些不太知名的成員尚未包括在內。

㉖ 馮夏熊整理：「馮雪峯談左聯」，原載新文學史料第六輯，收入新華月報文摘版，一九八〇年五月號，一七一頁。

㉗ 林煥平：「從上海到東京——中國左翼作家聯盟活動雜憶」，文學評論，一九八〇年第二期，二十三——二十五頁。

」產生了。「雜感」較具鬪爭價值，較欠文學價值。魯迅被捧爲「中國的高爾基」，後來有些名不副實。

梁實秋先生當年遭受左翼作家圍攻時，曾痛切要求他的論敵們不要徒喊口號，要「拿出貨色來」。貨色者，作品也。在這方面，左翼作家入盟以後確是乏善可陳。因此「左聯」的成立，雖有助於中共政治勢力和文化戰線的擴張，却破壞了中國新文學的正常發展。試問中共今天在讚揚「左聯」的貢獻之餘，能够整理出一套足以傳世的左聯時期文學作品選麼？

白樺事件

一、傷痕文學成毒草

近年來被中共批判的作家中，以白樺所受的攻擊最爲強烈。由中共處理白樺事件的經過，可看出其文藝政策的轉折，以及大陸文壇的走向，值得世人重視。

四人幫下臺以後，中共當權派爲了轉移廣大的民憤，也爲了製造「有別前凶」的假相，一度允許各地民主牆的設立，更鼓勵追述文革罪惡的傷痕文學出現。結果，此類文字如「堂堂溪水出前村」，有沛然莫禦之概，在內涵上也不以控訴四人幫爲限，而實際透露出共產制度的諸般缺點。中共惶恐之餘，便自毁許諾而加以阻擋了。

鄧小平在一九七九年擧行的第四次「文代會」上，就發表過如下的「祝辭」❶：「我們要繼續堅持毛澤東同志提出的文藝爲最廣大的人民羣衆、首先是爲工農兵服務的方向。」這種其實是

❶ 鄧小平：「在中國文學藝術工作者第四次代表大會上的祝辭」，人民日報，一九七九年十月三十一日。

爲中共政治服務的論調，與四人幫的主張又有多大差別？鄧小平接着的一句話，就更像江青在文革期間的聲音了：「文藝工作者要努力學習馬列主義、毛澤東思想。」周揚在同一會議上也表示❷，他不贊成以自然主義——即精密細緻的方式來反映那些傷痕，以免造成不利的思想和情緒。由此可見，中共推許傷痕文學純爲一時的權宜之計，是無意予以全面肯定的。

一九八一年初，中共中央又下達了「第七號文件」，再度顯示其對文藝的收風，大陸作家的處境也益形艱難。這份文件的總精神就是強調思想控制，全文共有六條，其中一條明言：報刊宜傳要無條件地與黨中央保持一致；另外一條規定：不得再寫反右和文革期間的傷痕文學❸。文件還指出，作家必須努力表現「四化英雄」和「四個堅持」。大年初一，周揚就在「文化部」和「文聯」擧辦的春節茶會上表示，今後的文藝作品「還是要多歌頌❹」。

❷ 周揚：「繼往開來，繁榮社會主義新時期的文藝——一九七九年十一月一日在中國文學藝術工作者第四次代表大會上的報告」，人民日報，一九七九年十一月二十日。

❸ 鞠重儀：「第七號文件的衝擊」，動向月刊第三十期，一九八一年三月。本文作者還指出，這些規定使得大陸文藝界和新聞界的人心惶惶。因爲從報刊上的一片歌頌聲中，已不斷出現文藝打手的「駁斥」、「反批評」或「不同意見」等叫喊。據聞，有些城市的文宣官僚正拿着放大鏡，復審近兩三年來的作品。

❹ 柳瑩：「『收』風中的北京」，爭鳴月刊第四十一期，一九八一年三月，本文作者指出，周揚講話之後，老「歌德」派們又趾高氣揚起來。文藝刊物爲配合收風，也出現不少歌德式的文章，例如今年二月號的文藝報，首篇文章就是「文藝要發出昂揚的時代聲音」，此文一開始便引用一封讀者來信：「你們爲什麼不讓我們多讀一些鼓舞士氣、熱愛生活、增強民族自尊心的作品呢？可不要讓我們去無病呻吟、整天嘆息呀！」

歌頌之外，還不忘操刀。老演員趙丹臨終之作：「管得太具體，文藝沒希望❺」，現已被北平某些文宣官僚定為「反黨反社會主義的大毒草❻」。趙丹沉痛地說出了最後的話：「層層把關、審查，審不出好作品，古往今來沒有一個有生命力的好作品是審查出來的！電影問題，每有爭

❺ 本文原載人民日報，一九八〇年十月八日。趙丹在文中指出，大陸上有些藝術家一聽到要「加強黨的領導」，就會條件反射地發怵。因為積歷次政治運動的經驗，每一次加強，就多一次折騰、橫加干涉，直至「全面專政」。趙丹對此記憶仍新，所以「猶有特殊的感受」。他還傾吐出如下的大膽言論：

——黨大可不必領導作家怎麼寫文章、演員怎麼演戲。文藝，是文藝家自己的事，如果黨管文藝管得太具體，文藝就沒有希望，就完蛋了。四人幫管文藝最具體，連演員身上一根腰帶、一個補釘都管，管得八億人民只剩下八個戲，難道還不能從反面激發我們的警覺嗎？

——各文學藝術協會，各文學藝術團體，要不要硬性規定以甚麼思想為唯一的指導方針？要不要以某一篇著作為宗旨？我看要認眞想一想、議一議。我認為不要為好。在古往今來的文藝史上，尊一家而罷黜百家之時，必不能有文藝之繁榮。

——試問，世界上有那幾個國家，像我國這般，文藝領域中的非業務幹部佔如此大的比例？咱們這社會，不興說誰養活誰，因為除農民和青年（以及部分老年和婦女）外，總算各有「鐵飯碗」一隻。但是，為甚麼要死死拽住那麼多非藝術幹部來管住藝術家們？

——文藝創作是最有個性的，文藝創作不能搞舉手通過！可以評論、可以批評、可以鼓勵、可以叫好。從一個歷史年代來說，文藝是不受限制，也限制不了的。

❻ 子琳：「趙丹『遺囑』的風波」，動向月刊第三十期，一九八一年三月。

論，我都犯癮要發言。有時也想管住不說。對我，已經沒甚麼可怕的了……。」後面這句話，實在勝過千言萬語，也引起極大的共鳴❼。

未死而首當其衝的，就是作家白樺了。他的電影劇本「苦戀」已被指爲「毒草」，受到嚴厲的批判。」

二、白樺及其另作

白樺原名陳佑華，河南信陽人，一九三〇年十一月二十日生於原籍，與現在也活躍於大陸文壇的影劇作家葉楠是雙胞兄弟❽。他們的父親本爲地主，兼營商業。一九三八年日軍侵佔信陽，次年將其父活埋。白樺與兄遭此家變，只有投親並就讀於漢川中學。一九四五年抗戰勝利，白樺正好初中畢業，便返鄉考入復員後的信陽師範學校藝術科，半年後再考回漢川中學高中部❾。

❼趙丹逝世後，北平文藝界一千三百多人在「首都劇場」舉行紀念大會，在上海也有同樣的悼念活動。作家柯靈撰文悼念時指出：「趙丹的贈言中有一句意味深長的話：『對我，已經沒有什麼可怕的了。』這使我不能不凜然於血淚淋漓的痛苦經驗。我想起聞一多的詩篇『紅燭』，它歌頌紅燭將光明送與人世，而把自己燒成了灰燼。——我不知道是不是記錯了。讓我們感謝趙丹吧，感謝他用最後的生命給我們帶來的亮光！」柯靈的文章引自註❻。

❽白樺是葉楠的弟弟，葉楠原名陳佐華，曾寫有甲午風雲、傲蕾·一蘭、綠海天涯、巴山夜雨等電影劇本，也屬於軍隊系統的作家。

❾黃南翔：「白樺和他的文學活動」，香港明報，一九八一年四月二十五日。

一九四六年，白樺在信陽的中州日報上首度發表詩作。此時他的思想已左傾，且與中共的地下組織有連繫。一九四七年初，他與同學組織「人民文藝社」，出版油印刊物「人民」，開始使用「白樺」的筆名⑩。不久，他因結社遭學校開除，於是重回信陽師範，並在豫南日報編「學生筆」專欄，繼寫政治小品之類，但很快就被取締。此時中共地下組織將他送往「解放區」，白樺隨卽加入剛渡黃河的共軍「中原野戰軍四縱隊十三旅」，擔任宣傳員，同時還爲「新華社」寫戰地通訊。他曾參加中原諸戰役和「淮海戰役」，並在戰場上加入了共產黨⑪。

一九五〇年，白樺隨軍進駐雲南邊境，擔任宣傳幹事、教育幹事、師俱樂部主任等職，不久開始業餘創作，寫詩、散文、小說、電影劇本等。一九五二年，他一度擔任賀龍的秘書，然後調任昆明軍區創作組長，開始專業寫作，在長江文藝等刊物上發表長詩「鷹羣」、敍事詩「孔雀」等。一九五五年,他調任「總政治部」創作室的創作員,同年出版了第一部詩集「金沙江的懷念」，不久又出版第二部詩集「熱芭人之歌」。稍早的一九五四年，他已出版第一部小說集「邊疆的聲音」，五五年同時出版了第二部小說集「獵人的姑娘」。此時他還將自作「山間鈴響馬幫來」改編爲同名的電影劇本，另有話劇「像他那樣生活」等作。

一九五七年，白樺因平日敢言而被劃爲「右派」，下放勞改，曾在上海「八一電影機械廠」

⑩「白樺及其『苦戀』」，中央日報香港通訊，民國七十年四月二十四日。

⑪同註⑨。

當鉗工。四年後「摘帽」，透過電影導演吳強的安排，到上海海燕電影製片廠任編劇。此時他寫了話劇劇本「紅杜鵑，紫杜鵑」、電影劇本「李白與杜甫」等，但都因其「右派」背景而未能公開發表或拍攝。一九六四年他重入軍中，任武漢軍區話劇團編劇，但不久因「四清」和「文革」運動的相繼展開而停筆。文革期間，他被打成「黑幫」。四人幫下臺後，他復出擔任過武漢軍區政治部話劇團的編劇⑫。

白樺近年來先後寫有劇本「曙光」（描述賀龍與張國燾的鬪爭）、「苦戀」、「孔雀公主」、「今夜星光燦爛」等。其中「今夜星光燦爛」由話劇改編成電影，被中共老電影幹部林杉評爲一九八〇年度拍得較好的四部影片之一，但也有人指爲格調太灰暗。此外，白樺還寫有歌劇「小磨飛轉」、小說「一束信札」、「媽媽啊！媽媽」、「啊！古老的航道」等⑬。

「孔雀公主」是神話片的劇本。女主人翁在劇中說過下面兩段話：「依香妹妹，你哪裏知道，往往只是說了句實話就會招來終身不白之寃；生活告訴我們：最危險的事情，就是戳穿惡人的

⑫ 另有一說，四人幫下臺後，白樺還擔任過武漢部隊政治部的副主任。見巫名：「白樺簡介」，爭鳴月刊四十三期，一九八一年五月。

⑬ 「孔雀公主」寫於一九七九年七月；「一束信札」發表於一九八〇年第一期的人民文學；「啊！古老的航道」寫於一九八〇年一月，發表於清明雜誌；「媽媽啊！媽媽」寫於一九八〇年五月，發表於同年第四期的「收穫」。各篇的內容摘要，引自佚名：「被點名的白樺及其作品」，動向月刊三十期，一九八一年三月。

謊言！」「正因爲我們不相信自己而相信神，最不高明的陰謀都能借神的名義輕易得逞。」這些話使人想起四人幫和毛澤東的作爲，以及整個大陸過去的「造神」運動。

「一束信札」揭露了高幹家庭的特權作風。女主角亞男的父親復出後擔任軍區的副司令員，母親則想盡辦法搞利益。她說：「文化大革命給我的教訓是：一朝權在手，再過分些也是好幹部。一旦沒有權，再本分些也是走資派，也得挨鬪！你爸爸現在是有職有權，什麼都方便，很多事咱們不說就有人給辦。」本着這種想法，她在嫁女、護兒子短處和生活享受各方面，都無所不用其極。

「啊！古老的航道」刻畫一個不求改革、不思進取者的心態。小說中有一位青年高呼：「我們三十年的改變太少了，我們前進的速度太緩慢了！爲什麼呢？因爲今天敢於承認，並指出我們古老航道需要徹底疏浚的人太少了，排頭兵太少了，冒尖的人太少了！中間站的人太多了！沉默觀望的人太多了！隨時準備給新皇帝登基三呼萬歲、逆來順受的人太多了！」這種勇敢的呼聲，與「明哲保身」者形成了強烈的對照。

「媽媽啊！媽媽」以高幹鍾翎的悲劇爲主題，提出下面的勸喻：「我們生於憂患的一代中國革命者（無論你已經有了多大的名望，無論你已經有了多麼高的地位，無論你已經建樹過多麼顯赫的功勳，無論你有多麼大的權力，卽使你統領着千軍萬馬，制定和執行著國策，決定着億萬人民的命運，也包括你母親的命運，你或許只要用手一指就可以讓一批人倒下……），誰不是無數不幸的母親用奶汁和生命哺育成人呢?」這裏所說的母親,在白樺心目中卽人民的代名詞⑭。這篇小說暗示了幹部的忘本,不顧哺育他的無數母親們。

三、「苦戀」本事

白樺遭到攻擊的作品,是劇本苦戀。「苦戀」的原稿是長篇電影詩,先在香港文滙報發表。一九七九年四月,白樺與彭寧合作,將它改編成劇本,刊於該年第三期的「十月」雜誌上⑮。

劇中的男主角凌晨光是一名畫家,他在美洲獲致很高的成就,「解放」後放棄舒適的國外生活,帶着新婚妻子返回大陸。在船上,女兒星星誕生,同時他們也認識了詩人謝秋山夫婦。文革期間,凌晨光一家被掃地出門,搬到牛棚式的小屋裏,謝秋山夫婦也分別下放勞動。一九七六年清明節,凌晨光在天安門廣場貼「屈原天問」的巨畫,但被拍了照,於是只有逃亡。逃亡途中,他遇見同被迫害的歷史學家馮漢聲,馮爲了替他找畫具而先行離去。十月,馮帶人來找他,他却

⑭一九七九年十一月十三日的人民日報,刊出了白樺在「中國作家協會」第三次大會上的發言,題爲「沒有勇氣就沒有突破,沒有突破就沒有文學」。他指出:「我們只要爲我們的母親——人民說眞話,對歷史負責,我們可以充滿信心地說:「人民會保護我們,歷史會做出公正的裁判。」

⑮「苦戀」初名「路在他的腳下伸延」,改編成劇本後,先名「太陽與人」,後改爲「苦戀」。此據陳若曦:「文藝下馬——中國大陸的新『文藝整風』」,中國時報人間副刊,民國七十年五月二十四日。

以爲是追兵趕到，拼命逃走，最後凍死在雪地上。」

白樺在劇本的開端，引了屈原的「路漫漫其修遠兮，吾將上下而求索」。記得魯迅在「徬徨」的扉頁上，也引用過這兩句。有人以魯迅兩本小說的書名相提，形容其思想的歷程是「始於吶喊，終於徬徨⑯」，這倒也貼切。「苦戀」的男主角在逃亡途中困凍至死，死前內心的吶喊和徬徨也誠不知凡幾。白樺這樣描繪畫家的遺體：

「晨光蜷伏在雪原上，兩隻手盡量向天空伸去，他最終也沒有力量把手伸得很高，但我們可以看出他曾經做過這樣的努力……他的眼睛沒有閉，睜着，靜止地睜着……」

凌晨光參加了一九七六年的「四五運動」，他的死可謂四人幫所致，這正是所有傷痕文學作品的共同特色；死不瞑目也可說是對四人幫的控訴，如此筆法在大陸上誰曰不宜？白樺更於結尾時，加上一段凌晨光死前深情的獨白：

「如果這只是一張畫布，只是一些顏料，只是一些畫家空想出來的線條、陰影和輪廓，我們可以撕掉、塗掉、扔掉！但不幸她是我們的祖國！她的江河裏流着我們的血液，她的樹林裏留着我們童年的夢想，在她的胸膛上有千萬條大路和小路，我們在這路上吃過很多苦，丟掉過無數雙破爛的鞋子，但我們却得到一個神聖的權利，那就是：祖國！我愛你！」

這樣的結尾還算光明，也正合眞正的「愛國主義」，但是「苦戀」仍被批爲毒草，指在政治

⑯ 司馬長風：中國新文學史上卷，香港昭明出版社，一九七六年六月再版，二四〇頁。

上有重大問題。一名中共權要說它「反黨」，可以被「起訴控告⓱」。這樣的罪名使人想起胡風。胡風於一九五四年向中共中央上過二、三十萬言的意見書，痛陳作家和讀者的頭上有五把「理論」刀子，第五把是「題材決定論」，所謂重要題材又一定得是光明的東西，「革命」勝利前後都不能有新舊鬭爭，也不能有死人、落後和黑暗等。

胡風的直言換來了「反革命」的嚴重罪名，以及折磨成精神病的長期牢獄之災⓲。他提到的「通體光明」和「不能死人」等，中共除爲暴露四人幫的罪惡而一度變通外，文藝官僚們今天大致仍以此做爲審查作品時的準繩。「苦戀」透露了一句「您愛這個國家，可是這個國家愛您嗎？」的憤語，結尾的「光明」就嫌不够「通體」了。

白樺在一九七九年的「作協」第三次大會上發言時，曾經大膽強調「沒有勇氣就沒有突破，沒有突破就沒有文學」，如今，他的勇氣和突破終於給自己帶來險阻，整個大陸文學的苦難也更大了。「苦戀」裏有一首詩描述的，正像是王實味以來所有「苦戀中共」的作家心聲：

既然是同志、戰友、同胞，

何必要給我設下圈套？

⓱ 同註❹。

⓲ 有關胡風的詳情，請參看本書第九章：「從胡風的悲劇看中共文藝政策」（

既然你打算讓我戴上鐐銬，
又何必面帶微笑？
既然你準備從我背後插刀，
又何必把我擁抱？
你們在我們嘴上貼滿了封條，
我們在自己的腦袋上掛滿了問號！
啊！眞正的同志！戰友！同胞！
爲甚麼不像星星那像互相照耀！

這種「同志的子彈打進同志的胸膛」之悲劇，在中共黨史上不勝枚擧，毛澤東本人更是樂此不疲。文革期間也對外賓表示：「有人說，中國愛好和平，那是吹牛，其實中國就是好鬬，我就是一個⑲。」由於好鬬，卽使造成千萬人頭落地，也就在所不惜了。

白樺痛感毛澤東爲禍之烈，並對過去的「造神」運動深致不滿，所以就在一九七九年的「全國詩歌座談會」上明言：「詩人同志們！我們千萬不要再去歌頌什麼救世主。」同年他在「作協」會議上重申此語，並譴責有些甚至裝着爲虔誠的信徒們，不但認定有救世主，還把救世主和「革

⑲「毛澤東和卡博・巴盧庫的談話」（一九六七年二月三日），收入中共機密文件彙編，政大國際關係研究中心出版，民國六十七年四月，十七頁。

命領袖」的概念聯繫甚至同等起來，用以嚇人。白樺忍不住大聲疾呼：「那種造神殺人的殘酷遊戲可以收場了！」

「苦戀」中的主人翁，就在逃避那種殘酷的殺害。白樺如此描述逃亡者的澤畔生活：

「一條魚上鈎了，搖動着發出響聲。

葦叢動了一下，閃出一個蓬頭垢面、衣衫襤褸的逃亡者。他警惕地向四下望了一下，急切地游過去，用發抖的手從鈎上摘下擺動着尾巴的魚，連忙游回葦叢，用指甲匆匆刮去魚鱗，貪婪地大口大口地生吃着，魚的尾巴不停地擺動着……

突然，傳來一聲使人心悸的雁鳴，逃亡者渾身一震，猛地把臉轉向天空。鏡頭急速向他推近，這簡直是一張原始人的臉，長長的鬍鬚，斑白的頭髮，從那雙眼睛上，我們認出了他正是影片一開始出現的那個畫家——凌晨光。

欲曉的天邊飛來一隊排成人字形的大雁，悠然地飛翔着……」

畫家深情地望着空中的雁……

人字形的雁陣在空中飛著飛著……

畫家含着熱淚的眼睛……驟然傳來遙遠回憶中的『辰河高腔』……夾雜着風鈴聲、嗚嗚的蘆笙的哀鳴……」

這名蓬頭垢面的「原始人」，不但吃生魚，而且和田鼠爭食，挖掘藏在洞裏的生麥粒。他所以落到如此地步，全部的罪過只是「愛國」。「苦戀」男主角的出身和若干情節，正與「皇天后土」相類。中共在香港阻止「皇天后土」的上演，在大陸查禁「苦戀」，只因兩個劇本都說了實話：在共產黨的統治下，中國大陸回到過原始時代，有人被折磨得像原始人。「苦戀」更指出，有人至死都在吶喊，都在問「為什麼？」白樺這樣描述：

「雪原上，一個黑色的問號……

直升飛機漸漸向下降落……

問號越來越大，一個碩大無比的問號，原來就是晨光生命的最後一段歷程。他用餘生的力量在潔白的大地上畫了一個『？』，問號的那一點就是他已經冷却了的身體。」

這不免被視為懷疑「社會主義的優越性」[20]，暗示未來的「光明」仍有可議處。白樺在劇本裏又多次安排了雁陣的出現，例如全文的最後幾行是：

「雁陣排着『人』字，緩緩飛來，鋪天蓋地的『人』字……漸漸又遠去了，消逝在天際……

一個自豪的聲音輕輕唱着：

『啊……』」

[20] 趙聰先生也認為，這個問號可能就是當獨臂將軍秘密通知凌晨光逃亡時，晨光百思不解的兩句問話：「生活在解放之後的祖國還要逃亡？生活在社會主義祖國還要逃亡？」見趙聰：「白樺事件與文藝政策」，明報月刊一八六期，一九八一年六月。

歡歌莊嚴的歷程，
我們飛翔着把人字寫在天上：」
啊！多麼美麗！
她是天地間最高尚的形象。』
一枝蘆葦在風中晃動着，堅強地挺立着……」
這種「天空的象徵」，其意何所指？雁羣陣陣，自由去來，它們把「人」的尊嚴和理想寫在天空，對於大陸上的芸芸衆生來說，抬望眼就看到一個不可卽的夢。「天國不是我們的，自由也不是。」白樺心中不是這樣說嗎[21]？

四、烏雲壓白樺

早在一九八一年二月，白樺已遭點名批判，只是後來才正式擴大進行[22]。「苦戀」在當時已

[21] 另據文壽先生的分析，苦戀的感染力、思想性和藝術性，以及遭受批判圍攻，全與劇中隱喻的「人的形象」有關，這是白樺用心最深、用力最勤、最執着之處。他指出，「人的形象」告訴讀者，眞正的人是存在的，他們用傻傻一生，實證了兩句話：「在一切權力之上，還有人道；在一切主義之中，還有人心！」見文壽：「人的形象」，中央日報副刊，民國七十年五月二十一日。

[22] 同註[9]。

被指爲毒草，白樺也被指爲「專寫傷痕文學」。三月二十日，人民日報以特約評論員的名義，發表「愛國主義是建設社會主義的巨大精神力量」一文，認爲下面兩句話出自一種「偏激情緒，錯誤觀點」：「不是我不愛國，是祖國不愛我。」這兩句悲憤語，正是「苦戀」裏問話的翻版㉓。

四月二十日，解放軍報在一版頭條的位置，發表了特約評論員寫的「四項基本原則不容違反——評電影文學劇本『苦戀』㉔」明白指出，此劇不但違反四項基本原則，「甚至到了實際上否定愛國主義的程度」。解放軍報這篇長文表示，劇本用強烈的對比，清楚表達了如下的主題思想：「新中國不如舊中國，共產黨不如國民黨，社會主義不如資本主義；社會主義祖國不僅毫無可愛之處，而且可憎可怕。」「苦戀」還有如下的罪狀：

㉓ 當凌晨光的女兒星星終因不堪大陸的苦難生活，要和丈夫出國時，晨光不表同意：「我不能同意我的女兒離開我的祖國，爲了奔向祖國，我走了半輩子黑路……。」女兒回答說：「我知道您，我太知道您了，爸爸，您愛我們這個國家，苦苦地留戀這個國家，……可是這個國家愛您嗎？」論者指出，最後幾句的意旨和人民日報所引的那兩句相同，所異者不過是前者爲反問句，表現出更加茫然和無奈而已。見懷冰：「『苦戀』是愛國主義的詩篇」，爭鳴月刊四十三期，一九八一年五月。

㉔ 該文獲北京日報和上海解放日報轉載。稍早的四月十七日，解放軍報還發表社論，要求對付「詆毀、攻擊四項原則，敵視黨的領導的言論」，它說：「有的作品公然違背四項基本原則，把我們黨和國家描寫得一團漆黑，歪曲和踐踏愛國主義，向社會主義制度和人民民主專政發洩不滿，惡意嘲弄和全盤否定毛澤東同志和毛澤東思想。」這篇社論是針對苦戀等作品而發，也可說是解放軍報全面攻擊白樺的先聲。

——作者用大量的形象、隱喻、符號和語言，反復表現「神佛」對人的精神奴役，「太陽」下人的苦難命運，以及五星紅旗飄揚的土地上發生的悲劇。很明顯，作品中的神佛、太陽，所影射的並不是四人幫；而把一樁樁悲劇安排在五星紅旗下，也決不是爲了審判四人幫。

——作者曾說：「中國現代封建主義比辛亥之前的封建主義還要厲害。」「苦戀」的藝術形象，就是對這一概念的圖解。作者還曾就「苦戀」的創作意圖，做過如下的告白：「祖國的象徵絕不是歷代帝王和當權者，絕不是！相反，他們是踐踏祖國母親的人。」這裏的歷代「當權者」一詞雖然隱晦，但含義不難理解，這是包括「人民民主專政國家」的執政黨——中國共產黨和它的領袖在內的。

——作品一再用天上的人字雁羣，和人世「天地間最高尚的形象」的主題歌，來反襯地上的人的悲慘命運，指責中國共產黨踐踏了人的尊嚴，抹殺了人的價值，製造了祖國大地上的人的悲劇。作品中的人的頌歌，正和兩年前西單牆上的那些爭「人權」的論調相似。

——「苦戀」摘屈原「離騷」詩句「路漫漫其修遠兮，吾將上下而求索」爲卷首語，還用「離騷」中的另一詩句「亦余心之所善兮，雖九死而猶未悔」，表現畫家凌晨光不屈不撓的「求索」精神。本來屈原對祖國的愛，表現在他對楚國的忠誠和對人民的同情，屈原的求索，突出表現在他立志改革，主張「國富強而法立」的進步思想。而「苦戀」所鼓吹的「求索」，是懷疑黨懷疑社會主義的「求索」，是突破四項基本原則框框的「求索」，是引導人「背離祖國」的「求索」。

這裏所謂「背離祖國」，其實只是背離中共而已。中共最近強調的「愛國」，也只是如解放軍報所說的，要「熱愛人民民主專政」（卽無產階級專政）的社會主義國家。在這樣的前提下，「苦戀」被中共判爲「否定愛國主義」，是很自然的事。解放軍報還下了這樣的結論：「電影文學劇本『苦戀』的出現不是孤立的現象，它反映了存在於極少數人的無政府主義、極端個人主義、資產階級自由化以至否定四項原則的錯誤思潮。」

四月二十一日，人民日報刊出周揚的講話㉕，他攻擊有些作家喜歡講良心和超階級的人性，而不喜歡講「黨性」和「革命性」。周揚同時強調，要嚴重注意當前大陸文藝界某些自由化的傾向：「這種傾向主要表現爲企圖擺脫黨的領導，越出社會主義軌道，這是很危險的，必須加以反對和克服。現在我們有的文藝作品，包括戲劇、音樂、繪畫，特別是電影、電視劇，不但缺乏社會主義思想，甚至連起碼的民族自尊心、自信心都沒有了。當然這樣的作品爲數極少，但要看到問題的嚴重性。輿論界和文藝界有不少同志對這種現象提出了批評，這應該引起我們的注意。我們的作家一定要在黨的領導下，堅定不移地走社會主義道路，堅持人民民主專政，堅持馬列主義、毛澤東思想。這是任何時候也不能動搖的。」

㉕ 周揚：「文學要給人民以力量——在一九八〇年全國優秀短篇小說評選發獎大會上的講話」，人民日報，一九八一年四月二十一日。

周揚這段話與解放軍報的見解如出一轍，只是對「苦戀」未作指名攻擊罷了。他重申軍方強調的「四項基本原則不容違反」，說明了中共內部都認爲「共產黨專政，至高無上」。如果意見上有所分別，也只是尺度與策略不同而已。

四月下旬到五月間，解放軍報、北京日報、上海解放日報等展開了對白樺的圍剿。以四月二十三日的北京日報爲例㉖，就引「苦戀」中的插曲「我們相愛在星光下」，指出它前後唱了三次，每次都有耐人尋味的差別。童年時唱的是：

「陽光多麼慷慨，
給我們相見的路上鋪滿鮮花；」
「月光多麼溫柔，
照耀着我們眼睛裏的淚花；」
「星光多麼親切，
教會了我們盡情地傾吐悄悄話……」

「解放」前唱的是：

㉖ 何洛：「我觀『苦戀』」，北京日報，一九八一年四月二十三日。按，「苦戀」中的凌晨光在逃亡時吃生魚和鼠洞裏的生麥粒，正像劇中的歷史學者馮漢聲所說：「二十世紀七十年代的文明人吃的是公元前兩千多年的伙食！」本文作者因此表示：「如此這般，不是很可怕嗎？結論當然是，我們這個國家，不把人當人看。」

陽光依舊慷慨，
而我們却要分離在海角天涯；
月光依舊溫柔，
在我的身影邊却沒有了他；
星光依舊親切，
我向誰傾吐心底裏的傷心話？
「解放」後唱的是：
陽光多麼慳吝，
幾十年不爲我們重逢恩賜一線光明；
月光多麼冷靜，
通向你的道路上都是陰影；
星光多麼無情，
沒有一對像你那熱情奔放的眼睛……」

北京日報質問，「解放」前的陽光尙且「多麼慷慨」、「依舊慷慨」，爲什麼到了「解放」後的「幾十年」（當然不止是十年）就「多麼慳吝」了呢?「解放」前的月光尙且「多麼溫柔」、「依舊溫柔」，而到了「解放」後却「都是陰影」了呢？「這說明，作品寫的不僅是十年浩刧，而是『幾十年』。作品給人的印象，似乎解放後的『幾十年』，還不如解放前了」。這種勾畫可謂直追解放軍報。而其結論是：「『苦戀』這樣「陰森可怖的描繪」，「在社會效果上，恐怕至少容易使人產生消極悲觀情緒吧！」這裏強調的「社會效果」，正是近年來大陸各地進行文藝收風的藉口。

五月初，代表中共中央的紅旗雜誌刋出專文批判苦戀㉗，說明了白樺頂上烏雲的加厚。該文以對話的方式，指出苦戀的調子「低沉、陰暗」，「有嚴重的問題」。談到劇本的罪狀時，該文除了重複解放軍報的論調外，還特別警告說，對「祖國」（其實是對中共）的愛，「應該是無條件的」，不能「想好就好，想吹就吹」。此外，它還提到以下幾點：

——苦戀這部作品是有嚴重錯誤的。報紙上批評這部作品，是爲了堅持和維護四項基本原則。

——苦戀的作者是個有才華的作家，寫過一些比較好的作品，但僅僅有才華，而缺少「正確的政治方向」，背離了四項基本原則，有再好的才能也不能充分發揮，也決不會寫出好作品來的。

——苦戀的作者曾經呼籲過：「詩人同志們，我們寧願去歌頌民主牆上的一塊磚頭，可千萬

㉗ 遠方：「『苦戀』與知識分子的愛國心」，紅旗半月刋，一九八一年第九期，一九八一年五月一日出版。本文假借知識分子——趙、錢、孫、李四位老教授的對話，來批判描述知識分子遭遇的苦戀。本文同時透露，苦戀的男主角是在影射畫家黃永玉，但後者是「革命的愛國的」，所以此劇對黃永玉是「嚴重的歪曲」。

不要再去歌頌什麼救世主。」（一九七九年一月在詩歌座談會的發言）而苦戀這個劇本，是繼續和發展了這個「錯誤」思想。

——鄧小平多次講過，毛澤東的功績是第一位的，錯誤是第二位的。「苦戀」却隱喻地把毛澤東寫成「災難」的根源，把對毛澤東及其思想的信仰，說成是宗教迷信。

——毛澤東「在延安文藝座談會上的講話」，提出文藝要爲工農兵服務的方向，要起團結人民教育人民的作用。「講話」關於中國的文學家藝術家必須到羣衆中去，到火熱的鬪爭中去的號召；關於文藝批評應該發展；關於解決歌頌和暴露的問題的闡述等，都是需要繼續遵循的。現在有人連這些基本原理都要否定，甚至要批判。這是個重大的原則問題，關係到社會主義文藝的根本方向。毛澤東「在延安文藝座談會上的講話」發表三十九周年紀念就要到了，應該高擧起這面大旗前進。

紅旗以上的態度顯示，中共中央不反對報刊批評苦戀，並堅持毛澤東的文藝路線，強調政治方向決定作品的好壞。在這種訓令下，白樺重良心不重黨性的表現，自被中共視爲大逆不道。鄧小平在第四次「文代會」上曾經還有過這樣的說詞：「文藝這種複雜的精神勞動，非常需要文藝家發揮個人的創造精神。寫什麼和怎樣寫，只能由文藝家在藝術實踐中去探索和逐步求得解決。在這方面，不要橫加干涉。」言猶在耳，而欄壩已築。鄧小平若想起當時全場感激的掌聲時，能不羞愧自己的寡信嗎？

五、白樺不孤

解放軍報在展開批判時指出，「苦戀」的出現不是孤立的現象，此語倒是確實的。近年來一羣為民請命的作家，代表了大陸文學創作的主流㉘，其中除白樺外，還有劉賓雁、王若望、王蒙、李淮、沙葉新、高曉聲等人。在中共的眼光中，這些作家是「長了幾塊反骨」的㉙。

劉賓雁以寫「人妖之間」聞名海內外。他和白樺一樣，強調「人」的尊嚴和地位。一九七九年，他又發表「人是目的，人是中心」、「關於『寫陰暗面』和『干預生活』」、「時代的召喚」等論文，反對政治干預文藝創作，更反對階級鬥爭的擴大化，因為它損害了人民的幸福㉚。

㉘ 丁望：「災厄歲月——分析白樺的代表作『苦戀』之一」，聯合報副刊，民國七十年六月十日。

㉙ 解放軍報在一九八一年四月十七日的社論中，就聲言要清算和「駁斥」這些揭露黑暗面的作品。它還說：「有的人甚至把堅持黨的領導，維護四項基本原則的文藝工作者誣為『文學侍臣』，鼓吹作家要『長幾塊反骨』。」

㉚ 丁望：「劉賓雁勇於為民請命」，香港明報，一九八一年五月二十八日。另據該報同日的「新聞人物」欄報導，劉賓雁發表過如下的言論：

——看到「寫陰暗面」和「干預生活」的作品遭到批判，有一位作家就給自己總結出一條經驗作為座右銘：「從今後，黨說甚麼我寫甚麼。沒有定論的事，我一概不去過問。」不幸的是（歷史的嘲弄是何等無情啊！）這並未能保證他的安全。以「領導出思想」代替對現實生活的獨立觀察，又把「首長」誤認為黨的領導的結果，他後來還是墮入了「陰謀文學」的泥坑。這件事從反面說明，牢牢立足於現實生活，植根於人民羣眾之中才是文學的正道。

——以無產階級的名義殘害無產階級，以人民的名義殘害人民，以革命的名義推行反革命陰謀，我們從許多個人的遭遇上看到過。

——成羣的工人，包括優秀的工人，遭到人身侮辱、人身摧殘。這種狀況，長期繼續，至今得不到公正處理，究竟是為了甚麼？一個「階級鬥爭」理論在本無階級敵人的地方，為甚麼能以很多人的尊嚴和健康代價長期通行無阻？

一九八一年四月一日，王若望被人民日報點名批判。四月下旬，上海的解放日報也加跟進。王若望是著名的「老右派」，近年來更對「文藝是政治的奴婢」、「遵命文學」等大加撻伐。他強調「文藝與政治不是從屬關係」㉛。

同年五月一日的光明日報刊出專文㉜，指出王蒙近年來的一些小說引起了爭論。有一種意見

㉛ 王若望曾在花城雜誌寫過「說假話大觀」一文，其中指出：「一個人偶爾說句假話，其害有限，一家報紙專門登載『形勢一片大好，今後越來越好』的報導和文章，讀者一看它是說假話的，不信它那一套，故其害也是有限的。唯有全黨全國持續了十幾年，維護說一樁假話，即有樹立大寨紅旗一事，實在是集說假話之大成，蔚爲大觀，其有害之後果稱得上禍國殃民，貽患無窮，乃近代史上之一大笑話，決非虛語也！」引自楊懷之：「王若望痛斥說假話的風氣」，香港明報，一九八一年五月一日。

㉜ 梁東方：「關於王蒙近作的討論」，光明日報，一九八一年五月一日。本文指出，王蒙還有如下的缺點：

——「夜的眼」、「海的夢」等作品晦澀難懂，知音甚少，叫人心寒。

——王蒙的小說沒有「塑造典型」，而古今中外的傳世佳作，「都是成功地塑造了人物典型的」。

——王蒙的作品似乎東一下、西一下，不符合現實生活的邏輯，給人以雜亂、零碎之感。「作家如果不注重按生活邏輯構思作品，片面強調心理邏輯的需要，就很容易割碎生活的整體，想寫啥就寫啥，甚至滑向唯心主義和自然主義」。

——王蒙是大陸當代文學家中，第一位在小說創作裏運用「意識流」和「象徵主義」技巧的，他的作品都不很重視故事情節的連貫性，而特別重視心理刻畫，重視描摹人的感覺，重視作品的線條、色彩和音響效果。

認爲，王蒙單純從藝術風格方面去探索，作品讀起來不够明快，「步入了歧途，令人失望」。還有人認爲，王蒙寫陰暗面多，處處帶刺，格調很冷，「讀後不能給人以信念」。

李淮是諷刺小說芒果的作者，近年來深感苦悶。他對白樺說：「我這個人沒死，作品已經死光了㉝。」沙葉新以劇本「假如我是眞的」，揭發特權的爲害。他與白樺、劉賓雁、王若望被合稱爲「四大名旦」，現在也同遭批判。

㉝ 白樺：「一個必須回答的問題」，觀察家月刊三十二期，一九八〇年六月。白樺在本文中還提到以下幾點：

——大陸的作家經常改變客觀規律爲政治服務。浮誇風使農村破產，辦食堂使農民無食倒斃，文藝却把浮誇風的種種罪孽美化爲共產主義的優越性。

——長期以來評介一個作品不談形象，不做藝術分析，不研究語言。完全用政治概念——甚至用政令法令來審查作品中人物的行爲，用黨的概念來衡量作品中黨員幹部的品質和言論，用階級的一般共性代替人物性格。這樣做必然會出現「樣板戲」、「樣板小說」、「樣板詩」……這些絕不是四人幫偶然想出來的主意，他們只不過沿着這個越走越高的臺階走上最後幾級而已。

——文藝必須爲政治服務造成的危害是極其嚴重的！但並不等於說作家不問政治，恰恰相反，作家必須是個思想家。否則他不可能正確認證生活，獨特地創造成爲藝術品。但任何先進的政治思想理論只能影響作家的世界觀，而不能越過作家的思維和生活的客觀規律，去干涉作品中的人和事。

——文藝創作的成敗，主要不是服務或不服務於某種政治造成的。（那種以口號冒充文藝的作品，不在議論的範圍之內。）

中共對白樺等作家施加棍棒，引起知識界和文藝界的廣大反感。北京大學、上海復旦大學等校的學生貼出大字報聲援白樺，並把他的困境與持不同政見者在文革時受迫害相比。一九八一年五月中旬，復旦大學中文系署名的一張大字報說：「孤立無助的白樺像一棵不成林的樹，爲何要瘋狂地企圖將它吹倒？如果我們是實事求是的話，便沒有甚麼可害怕的。用這種方法再割人的喉嚨，像再摘去一朵鮮花[34]。」

白樺確可稱爲「重放的鮮花」，但他並不是孤立無助的。老作家巴金、夏衍等人也一度加入了說話的行列。五月下旬，朝日新聞刋出了巴金的答客問：「（白樺這一作品）也許有缺點，不過，我並不認爲是『非常之壞』。任何文學作品都有缺點，因此，大家加以討論、提出批評是好事，我覺得也可以對批評進行反駁。作家有維護自己作品的權利。」巴金現任「中國作協」代主席，他後面這段話更重要：「粗暴簡單的辦法、輕蔑指責的態度，不僅會傷害正在成長中的中青年作家，也會直接損害我們的文學藝術事業，在這方面，我們有足够的令人難忘的教訓[35]。」巴金前幾年才走出「牛棚」，這些話自有所指。夏衍也表示，可以和應該對「苦戀」進行「批評幫

[34] 一九八一年五月十五日「合衆社北京電」，見香港明報，一九八一年五月十六日。
[35] 引自施君玉：「棒打文藝作品之不得人心」，香港大公報，一九八一年五月二十七日。

助」，但不會再採取大批判的方式㊱。

中共近年來在文藝等方面加強控制，顯示其政局的不穩定，以及對作家和知識分子的恐懼感。白樺在思想上的新探索，具有相當的代表性㊲，頗能獲得廣大的共鳴，中共當權派自然引以爲憂。但因推行「四化」必須借重知識分子，又恐文革式的整肅會引起太大的後遺症，所以在處理白樺事件上，中共不免感到收放兩難，言行也就更加顯得不一致了。白樺一九七九年的一首詩作「春潮在望」，不久前在大陸獲獎，就是明證㊳。此外，胡耀邦在一九八〇年二月的「劇本創作座談會」上也表示：「最近，文藝界還有個別同志講什麼『缺乏安全感』。我不贊成這個話。堅

㊱ 夏衍現任「中國電影家協會」主席，他表示白樺正在修改「苦戀」，「我們希望他認眞改好」。香港大公報，一九八一年五月二十六日。按，夏衍在三十年代被魯迅稱爲「四條漢子」之一，與周揚同列，現在他以半官方的身分沖淡白樺事件，自含有統戰意味。

據鄧小平也看過「苦戀」的電影成品，並表示沒有好感。中共中央責成影片修改。據說修改了三處：

一是刪去了對白中「您愛這個國家，可是這個國家愛您嗎？」這句被視爲「反動」的話。

二是刪去了被視爲影射對毛個人迷信的金身佛像被烟燻黑的鏡頭。

三是修改了結尾銀幕上巨大的「？」號。

以上見徐明：「白樺事件與文壇反『右』」，爭鳴月刊四十三期，一九八一年五月。

㊲ 康富信：「從白樺事件看北平政局」，聯合報，民國七十年四月二十六日。

㊳ 白樺的「春潮在望」寫於一九七九年二月三日，刊於同年三月十七日的人民日報；一九八一年五月三十一日香港文滙報加以轉載。一九八一年五月二十九日香港明報「新聞人物」欄中指出，這首詩是白樺的政治應景之作，當時他對中共「十一屆三中全會」的決議很樂觀，以爲「春天」來了，所以寫出「春潮在望」，但後來他對現實的觀察有變，詩作「風」就表達了他的「餘悸」與「預悸」。

定地執行『雙百』方針，黨中央反反復復講了多少次。三年來，有沒有打棍子的現象呢？不是說個別地方沒有這種現象，也不是說沒有人想打棍子，但中央沒有這樣搞，而且不贊成這樣搞㊴。」這和鄧小平在第四次「文代會」上的講話一樣，又是一個「言猶在耳，棍棒跟進」的例子——雖然棍子或許不會立刻致人於死。

在這樣的矛盾情況下，白樺原載「詩刊」裏的一首「風」，其中這段就更值得大陸作家們參考了：

「夾着尾巴溜走還會呲着牙再來，
誰也別指望狼會改變本性；
那就讓有記性的人接受教訓吧！
在風裏趕路要睜着眼睛。」

㊴ 胡耀邦：「在劇本創作座談會上的講話」（一九八〇年二月十二、十三日），原載文藝報，一九八一年第一期；上海文學修正刊出，一九八一年三月。

魯迅與中共

一、「同共產黨在一起」

魯迅生於一八八一年九月二十五日，一九八一年四月二十一日，「魯迅誕辰一百周年紀念委員會」正式在北平成立❶，大陸上紀念魯迅的活動從此時起全面展開。九月，魯迅的遺像鑄成了銀幣，狂人和阿Q走上了舞臺，新版的魯迅全集也在此時出齊❷。二十五日當天，鄧穎超、胡耀邦、周揚等人在紀念大會上講了話❸。

❶ 魯迅誕辰一百周年紀念委員會，初由宋慶齡當主任委員，鄧穎超、胡喬木、王任重、廖承志、陸定一、胡愈之、周揚、巴金、葉聖陶等當副主任委員。宋慶齡逝世後，由鄧穎超升任主委，周揚升任第一副主委。

❷ 新版的魯迅全集共分十六卷，其內容如下：

第一卷：墳、熱風、吶喊。

第二卷：徬徨、野草、朝花夕拾、故事新編。

第三卷：華蓋集、華蓋集續編、而已集。
第四卷：三閒集、二心集、南腔北調集。
第五卷：僞自由書、准風月談、花邊文學。
第六卷：且介亭雜文、且介亭雜文二集、且介亭雜文末編。
第七卷：集外集、集外集拾遺。
第八卷：集外集拾遺補編。
第九卷：中國小説史略、漢文學史綱要。
第十卷：古籍序跋集、譯文序跋集。
第十一、十二、十三卷：兩地書、書信。
第十四、十五卷：日記。
第十六卷：魯迅著譯年表、全集篇目索引、全集註釋索引。

以上除第十六卷爲附集外，第一至十五卷共收魯迅著述二十九種，其中他生前編定的二十三種，許廣平編定的一種。這次新增的五種是：1.增補了自一九五七年以來新發現的佚文，編成「集外集拾遺補編」；2.增收了魯迅輯錄古籍和譯文的序跋，編成「古籍序跋集」和「譯文序跋集」；3.補全了迄今爲止發現的「書信」；4.編入了全部的「日記」。

新版魯迅全集的正文三百九十九萬字，註釋一百八十七萬字。和一九五八年版比較，正文增加了一百四十六萬字，註釋增補了一百三十四萬字。

以上見師竹：「新版『魯迅全集』的面貌」，香港大公報，「讀書與出版」，一九八一年六月一日。

❸ 胡耀邦的講話，全文發表於一九八一年九月二十六日的人民日報，周揚的報告題爲「堅持魯迅的文化方向，發揚魯迅的戰鬥傳統」，全文發表於九月二十八日的人民日報。

胡耀邦在大會中强調，魯迅沒有在組織上加入共產黨，但他是個「眞正的馬克思主義者、共產主義者」。胡耀邦的講話還有如下片段：

——魯迅的一生是戰鬪的一生，他熱切地追求眞理，永不停頓地前進，始終站在時代潮流的前列。

——魯迅堅信共產黨的力量，同共產黨站在一起，直到生命的最後一息。

——魯迅在共產黨陣營和左翼文藝界的內部，總是着重於團結起來，一致對敵。

——由於魯迅逝世過早，他沒有親眼看到中國人民在共產黨的領導下，在世界的東方這塊大地上所掀起的翻天覆地的變化，這是一件非常遺憾的事情。

胡耀邦的上述談話，提到魯迅「始終站在時代潮流的前列」，「同共產黨站在一起」，「總是團結對敵」，以及魯迅早死是「非常遺憾的事」等等。凡此論調，是否禁得起史實的考驗，值得我們研究。

二、「偉大的革命家」

魯迅生於浙江紹興的一個破落之家，早年赴日學醫，但有志於文學，此時他所寫的文章，如「文化偏至論」和「摩羅詩力說」，都是强調個人主義的。他還摘譯過尼采的「蘇魯支語錄」，提倡「超人」的思想。一九〇六年魯迅二十五歲，決定棄醫從文。三年後回國，在杭州和紹興任教。一九一二年民國肇建，他受蔡元培的邀請，到教育部任職，並隨政府遷至北京。一九二六年他離京赴閩，在厦門大學任教，次年一月，轉任廣州中山大學教授。

此時創造社有若干成員也在該校任教❹。魯迅以個人主義者的心情，頗爲不滿流行於校園中的革命文學，因此時常發表演講加以反對。一九二七年十月，他離粤赴滬，直到一九三六年病逝，幾乎都住在上海。

魯迅在北京教育部任職期間，恰逢五四運動發生。五四運動已被中共渲染成「當時無產階級世界革命的一部分」，而且是在「十月革命的巨大影響下❺」爆發的。我們現在只想問，被毛澤東譽爲五四以後共產主義文化新軍中「最偉大和最英勇的旗手❻」之魯迅，被華崗譽爲五四時期「和李大釗同志並肩領導民主啓蒙運動的偉大導師❼」之魯迅，果如中共所說，以一個「革命知識分子」之身，「推動」了如火如荼的五四運動嗎？

當時擔任教育部僉事的魯迅，對於北京大學生愛國壯擧的反應是冷漠的。一九一九年五月四日當天，他的日記全文如下：

❹夏志清：中國現代小說史，九七頁。傳記文學出版社，民國六十八年九月一日初版。
❺中國共產黨歷史講話，一四頁。中國青年出版社，一九六二年八月初版。
❻毛澤東：「新民主主義論」，毛澤東選集第二卷，一九六五年六月直排本，六九一頁。
❼華崗：五四運動史，一〇〇頁。新文藝出版社，一九五三年十一月上海第二次重印。

「四日曇。星期休息。徐吉軒爲父設奠，上午赴弔，並賻三元。下午孫福源君來。劉半農來，交與書籍二册，是丸善寄來者❽。」

論者或謂，這原是魯迅寫日記的體例問題，他很少記載時事，所以無足深異❾。不過，誠如同一論者指出，五四後來既被魯迅一度稱爲「新文化運動的發揚❿」，何以他當時身在北京，却未以此轟轟烈烈的行動做爲小說的材料；而在其所有公開發表的文字裏，也找不到特意讚揚五四運動的部分⓫？

尤有甚者，一九二〇年五月四日，正逢五四運動一周年，魯迅當天在給友人的信⓬中指

❽ 見魯迅日記，三五四頁，人民文學出版社，一九五八年三月。

❾ 陳勝長：「魯迅眼中的五四運動」，收入周玉山主編：五四論集，三九八頁。成文出版社，民國六十九年五月四日出版。

❿ 魯迅：「多難之月」，收入准風月談。

⓫ 同註❾。

⓬ 魯迅這封信是寫給宋崇義的，曾在文化雜誌一卷三號（一九四一年十月十五日）上發表，後收入魯迅全集第九卷的「書信」內，一九五八年人民文學出版社注釋本。魯迅在信中對五四運動後的新思潮還有如下的批評：

「近來所謂新思潮者，在外國已是普遍之理，一入中國，便大嚇人；提倡者思想不徹底，言行不一致，故每每發生流弊，而新思潮之本身，固不任其咎也。

要之，中國一切舊物，無論如何，定必崩潰，倘能採用新說，助其變遷，則改革較有秩序，其禍必不如天然崩潰之烈。而社會守舊，新黨又行不顧言，一盤散沙，無法黏連，將來除無可收拾外，殆無他道也。……

要而言之，舊狀無以維持，殆無可疑；而其轉變也，既非官吏所希望之現狀，亦非新學家所鼓吹之新式，但有一塌糊塗而已。」

出：

「比年以來，國內不靖，影響及於學界，紛擾已經一年。世之守舊者，以爲此事實爲亂源，而維新者則又讚揚甚至。全國學生，或被稱爲禍萌，或被譽爲志士；然由僕觀之，則於中國實無何種影響，僅是一時之現象而已；謂之志士固過譽，謂之禍萌是甚寃也。」

由此可知，魯迅認爲五四運動帶來了紛擾，但他又以此事爲一時的現象，對中國實無何種影響。在這樣的態度下，一九二五年十一月他爲「熱風」題記時說：

「現在有誰經過西長安街一帶的，總可以看見幾個衣履破碎的窮苦孩子叫賣報紙。記得三四年前，在他們身上偶然還剩有制服模樣的殘餘；再早，就更體面，簡直是童子軍的擬態。那是中華民國八年，卽西曆一九一九年，五月四日北京學生對於山東問題的示威運動之後，因爲當時散傳單的是童子軍，不知怎的竟惹了投機家的注意，童子軍式的賣報孩子就出現了。其年十二月，日本公使小幡酉吉抗議排日運動，情形和今年大致相同；只是我們的賣報孩子却穿破了第一身新衣以後，便不再做，只見得年不如年地顯出窮苦。」

魯迅對五四運動的冷漠態度，由此描述可見。一九三五年，他在爲中國新文學大系小說二集寫序時，仍然沒有改變態度：

「在北京這地方，——北京雖然是『五四運動』的策源地，但自從支持著『新青年』和『新潮』的人們，風流雲散以來，一九二〇年至二二年這三年間，倒顯着寂寞荒凉的古戰場的情景。」

以上就是毛澤東筆下這位「偉大的革命家」，對於五四運動所能有的主要感觸。魯迅在世時又怎能料到，這個和他的頂頭上司——北洋政府過不去的運動，後來竟被塗抹成「是在當時世界革命號召之下，是在俄國革命號召之下，是在列寧號召之下發生的⑬」；而且還被歪曲成「是以共產主義知識分子爲首的、以無產階級文化思想爲領導的遊行示威⑭」。胡耀邦現在恭維魯迅，說他「始終站在時代潮流的前列」，魯迅地下有知，能否欣然同意？

三、從戰爭到和平

魯迅與中共黨員的大規模接觸，是在他定居上海以後。接觸的方式，開始時却是劇烈的論戰，這造成了「左聯」問世以前的混亂和紛爭。

一九二八年初及稍早，革命文學口號再度提出時，主要是年輕共產黨員組成的創造社和太陽社，發生過誰是倡導者的爭論。創造社的李初梨在「怎樣地建設革命文學」一文裏，認爲郭沫若於一九二六年四月發表的「革命與文學」，是中國文壇上倡導革命文學的先聲。太陽社的錢杏邨馬上抗議，指出蔣光慈在「新青年」上就發表過一篇「無產階級革命與文化」；在「覺悟」新年號上又發表過「現代中國社會與革命文學」，時爲一九二五年；並且在一九二四年辦過專門提倡

⑬ 同註❻，六九三頁。

⑭ 中國新民主主義革命回憶錄，二頁。上海新人出版社，一九五一年十月十五日初版。

革命文學的春雷週刊，還出版過革命歌集和小說集。

創造社和太陽社在這個問題上也發生爭執，可見彼此都還存著濃厚的派系思想。「這種狹隘的思想尤其嚴重的，就是當革命文學運動展開的初期，創造社和太陽社都把魯迅和茅盾當成此一運動的敵人，而加以攻擊[15]」。於是魯迅被稱爲「資產階級的代言人」、「封建餘孽」、「中傷革命」、「小資產階級的根性」、「不得志的法西斯蒂」等。

前此，魯迅演講過「革命時代的文學」，認爲用來宣傳以促進革命的文章是無力的，研究文學對於戰爭沒有益處，因爲中國當時的社會情狀，只有實地的革命戰爭。「一首詩嚇不走孫傳芳，一礮就把孫傳芳轟走了」。所以他說文學總是一種餘裕的產物，懷疑它對革命會有什麼助力。

魯迅此語不免感時憤激，但他當時到廣州的原意，是想與創造社結成同一戰線，「再向舊社會進攻[16]」。結果希望落空，創造社反而與他兵戎相見，實非他始料所及，此中原因應該不止一端。例如他的演講刺到郭沫若，或許引起嫌隙在先。但最主要的理由，當是兩雄不並立，都想爭文壇的領袖地位[17]。

[15] 中國新文學大系續編第一集導言，二四頁。香港文學研究社，一九六八年出版。

[16] 魯迅告訴許廣平，他到廣州後，「對於紳士仍然加以打擊，至多無非不能回北京。第二，是與創造社聯合起來，造一條戰線，再向舊社會進攻」。此見兩地書。

[17] 鄭學稼：魯迅正傳，六八頁。香港亞洲出版社，民國六十三年四月再版。

此時攻擊魯迅的中共作家，包括錢杏邨、成仿吾、馮乃超、李初梨等。錢杏邨以「死去了的阿Q時代⑱」爲題，說自由思想害了魯迅，這種思想在這個世界上只是一個駭人的名詞，魯迅便是被騙的一個。「現在的時代不是沒有政治思想的作家所能表現的時代」，魯迅的階級意識不够，所以是時代的落伍者，其作品是「無意義的類似消遣的依附於資產階級的濫廢的文學」。

成仿吾則指出，魯迅的寫作是以趣味爲中心，代表著有閒的資產階級，或者睡在鼓裏的小資產階級，所矜持的是「閒暇、閒暇、第三個閒暇⑲」。此類攻擊，魯迅却在後來轉嫁到林語堂先生身上。

成仿吾之後，便是馮乃超的出擊，說魯迅這位老生，常從幽暗的酒家樓頭，醉眼陶然地眺望著窗外的人生。世人稱許他的好處，只是圓熟的手法一點，結果反映的，却屬社會變革期間落伍者的悲哀，百無聊賴地跟其弟說幾句人道主義的美麗話語，這正是隱遁主義⑳。接著，李初梨也出場，攻擊「趣味文學」是文學的法西斯主義，「我們的魯迅先生坐在華蓋之下，正在抄他的小說舊詞㉑」。

⑱ 錢杏邨此文原載太陽月刊第五期，一九二八年五月。
⑲ 成仿吾：「完成我們的文學使命」，原載創造月刊。
⑳ 馮乃超：「藝術與社會生活」，文化批判第一期，一九二八年一月。
㉑ 李初梨：「怎樣地建設革命文學」，文化批判第二期，一九二八年二月。

魯迅除了在廣州的演講外，籠統地批評到革命文學的，是一九二七年底在上海暨南大學所講的「文藝與政治的歧途[22]」，略謂文藝和革命在不滿現狀上是一致的，但却與政治衝突，如以爲恭維革命就是革命文學，則屬誤解，因爲這只是歌頌有權力的人，與革命並無關係。

一九二九年五月，魯迅北上演說，提及「現今新文學之任務[23]」，仍指革命文學是畸形的。他另說「賦得革命，五言八韻」，是只能騙騙盲試官的——假如作者本身不是「革命人」的話[24]。魯迅表示同意辛克萊所說，「一切的文藝是宣傳」，認爲除非不作文不開口，否則就有宣傳的可能，因此文藝不妨用於革命，做爲工具的一種，但要先求內容的充實和技巧的上達，不必忙於掛招牌。這種見解，與提倡人性論的梁實秋先生、提倡自由論的胡秋原先生的文學觀，初無二致，只是魯迅後來轉向了。

魯迅當時更指責革命文學是毒害青年的砒霜：「可怕的倒用在有限的砒霜，和在食物中間，使青年不知不覺的吞下去，例如似是而非的所謂『革命文學』，故作激烈的所謂『唯物史觀的批評』，就是這一類，這倒是應該防備的[25]」，他並且譏嘲革命文學者在咬文嚼字，不敢直接行動，當

[22] 該文收入集外集。
[23] 該文收入三閒集。
[24] 魯迅：「革命文學」，收入而已集。
[25] 魯迅：「文學與革命」，收入三閒集。

「殺人如草不聞聲」的時候，連人道主義式的抗爭也沒有，口號無論怎樣激烈，骨子裏却空虛得很㉖。

魯迅又勾繪出那批「才子加流氓」的文學家臉譜，以啼笑俱僞、左右皆非來形容他們，指出他們向「革命的知識階級」叫打倒舊東西，又拉舊東西來保護自己；貪求革命者的名聲，却不肯吃一點革命者難免的苦。革命文學的另一張招牌是「無產階級文學」。魯迅說一言及此，便不免歸結到鬪爭文學；一講鬪爭，便只能說是最高政治鬪爭的一翼，這在中國，却名實不副變了相。

魯迅對論敵的態度，形諸文字的大致不弱，當時內心受困的感覺當屬難免。他在三閒集的序中就哀怨道，當他抵達上海，「却遇見文豪們的筆尖的圍剿了。創造社，太陽社，『正人君子』們新的月社中人，都說我不好，連並不標榜文派的現在多昇爲作家或教授先生們，那時候的文章裏，也得時常暗暗地奚落我兩句，以表示他們的高明。」他更感慨青年對他的冷落：「這時候，有一個從廣東自云避禍逃來而寄住我的寓所裏的廖君，也終於忿忿的對我說道：『我的朋友都看不起我，不和我來往了，說我和這樣的人住在一處』」。圍剿者所以有此等影響力，一件不爭的事實是：共產黨已插手到這個運動裏。

蘇聯共產黨早已有過「關於黨在文藝方面的政策的」決議，其中提到，「既然無產階級黨在獲得政權以前煽起階級鬪爭，實行把整個社會推翻的路線，那末在無產階級專政期中，擺在無產

㉖ 魯迅：「醉眼中的朦朧」，原載語絲四卷十一期，一九二八年三月十二日。

階級黨面前的問題便是：怎樣和農民相處一起，慢慢地改造他們；怎樣和資產階級建立某種程度的合作，慢慢地排擠他們；怎樣使技術的和其他的一切知識分子爲革命服務，在思想上把他們從資產階級那裏爭取過來㉗」。並且指示：「黨應當周到地和細細地對待中間作家，保證他們儘可能有迅速地轉移到共產主義思想方面來的一切條件」。創造社等革命文學派先前對魯迅的圍剿，意在打倒異己，迫其就範，以便定文壇思想於一尊。後來看到收效不宏，乃借攻擊「新月」下臺，如此一來，果然符合魯迅的脾胃。

此時馮雪峯以「書室」爲名，撰「革命與知識階級㉘」一文打圓場。他說魯迅看見革命是比一般的知識階級早一兩年，也常以「不勝遼遠」似的眼光來看無產階級。「但無論如何，我們找不出空隙，可以斷言魯迅是詆謗過革命的」。再就抨擊魯迅的層面分析，認爲不但不會因此而有利於革命，並在其中看出危險性來。馮雪峯指出，創造社改變方向傾向於革命，是件好事，但沒有改變向來狹小的團體主義精神。一本大雜誌有半本是攻擊魯迅的文章，「這却是十得分要不的。」

㉗ 曹葆華等譯：蘇聯文學藝術問題（關於黨在文藝方面的政策），一九五三年人民文學出版社。引自丁淼：中共文藝總批判，五四頁，香港亞洲出版社，民國四十三年四月初版。

㉘ 馮雪峯此文寫於一九二八年五月，收入中國文藝論戰集，一至一〇頁。香港中文大學近代史料出版組，一九七三年影印本。

馮雪峯這篇文字，在當時並無完成調處的決定性力量，但表示了共黨方面有意「化干戈爲玉帛」，爲魯迅以及他們自己留有餘地。馮雪峯是魯迅的學生，在老師家裏幫做家事，頗得歡心㉙，而他正是共產黨員。中共爭取魯迅的原因，自是看中他的地位和文筆，棄之不但可惜，而且可怕；食之果然有味——魯迅加盟以後，對共產黨有百萬字以上的貢獻。

研究心理學的人，一定對雙方當時各自的感覺產生興趣。就「革命派」而言，雖然改變做法，看似委屈，收獲却是實質上的，因爲紅色廟會從此平添一支巨大的香火，節省了很多從頭培養這樣驍勇善戰作家的時間和精力。就魯迅而言，從「不准革命」的難堪到「中國高爾基」的光榮，不免接近被人抬轎上山稱王的心情，何況轎夫原屬不知敬老的難纏青年。此點可證之於魯迅答覆姚克的信：「革命文學的作家（原註：舊仇創造社，新成立的太陽社），所攻擊的是我，加以舊仇新月社，一同圍攻，乃成『衆矢之的』。……到一九三〇年，那些『革命文學家』支持不下去了，創、太二社的人們，始改變戰略，找我及其他先前爲他們所反對的作家，組織左聯㉚。」這種勝利的感覺，却是雙方兼具的。

㉙ 陶希聖：「三十年代文藝瑣談」，收入三十年代文藝論叢，一四頁。中央日報編印，民國五十五年十月十日初版。

㉚ 魯迅該信寫於一九三三年十一月五日。引自劉心皇：現代中國文學史話，四四五頁，正中書局印行，民國六十年八月初版。

分析了雙方言歡前夕的心理之後，仍要探討這個問題：魯迅加入「左聯」的最大背景是什麼？答曰：魯迅識實務，不想抗拒當時舉世的左傾狂潮。他不願被人宣布「沒落」，而且需要那個「文藝寶座」。「他要借那個寶座的力量，滿足他異常熾盛的虛榮心理。借那個力量來報復他所仇恨的『正人君子』以及一切人們㉛」。有了這樣的欲望，「世故老人」㉜魯迅接受了包圍身邊者的影響，包括同居人許廣平、學生馮雪峯、美共史沫特萊等㉝。

然後魯迅說了如下的話：「我有一件事要感謝創造社的，是他們『擠』我看了幾種科學底文藝論，明白了先前的文學史家們說了一大堆，還是糾纏不清的疑問。並且因此譯了一本蒲力汗諾夫的藝術論，以糾正我——還因我而及於別人——的只信進化論的偏頗㉞。」魯迅這種虛懷若谷的態度，在他生平中是罕見的。

瞿秋白此時爲魯迅打氣，說他不是「投降」，斥責此說是「剝削別人的自尊心㉟」。當魯迅

㉛ 蘇雪林：我論魯迅，三八頁。愛眉文藝出版社，民國六十年版。

㉜ 高長虹贓魯迅爲「世故老人」，魯迅也習以爲常。見註㉛，三四頁。

㉝ 美國共產黨員史沫特萊到上海後，勸中共拉攏魯迅。她並會見魯迅，盛讚他是中國的高爾基，並將他在美國左派刊物上廣爲宣傳。另據左聯時期無產階級革命文學三五三頁載，一九二八年下半年，中共江蘇省委曾派夏衍、馮乃超、李初梨等，和魯迅連繫共同策畫左聯的成立工作。

㉞ 魯迅：三閒集序言。

㉟ 瞿秋白：「『魯迅雜感集』序言」，收入瞿秋白文集二，九九七頁。人民文學出版社，一九五三年版。瞿秋白在此處還這樣稱讚魯迅：

「魯迅從進化論進到階級論，從紳士階級的逆子貳臣進到無產階級和勞動羣衆的眞正的友人，以至於戰士，他是經歷了辛亥革命以前直到現在的四分之一世紀的戰鬪，從痛苦的經驗和深刻的觀察之中，帶着寶貴的革命傳統到新的陣營裏來的。」

與「革命派」之間「不必要的誤會」消除以後，「左聯」於焉誕生。

四、再度轉為戰爭

魯迅與中共作家之間的關係，一時由戰爭轉為和平。但隨着時間的演進，到「左聯」解散前後，又再度轉為戰爭。其實，一九三〇年三月二日「左聯」成立那天，魯迅就製造了火藥味。

魯迅在「左聯」成立大會上發表演講㊱，提到以後的工作時，「帶便」地說一件事：「前年創造社和太陽社向我進攻的時候，那力量實在單薄，到後來連我都覺得有點無聊，沒有意思反攻了，因為我後來看出了敵軍在演『空城計』。那時候我的敵軍是專事於吹擂，不務於招兵練將的；攻擊我的文章當然很多，然而一看就知道都是化名，罵來罵去都是同樣的幾句話。我那時就等待有一個能操馬克斯主義批評的槍法的人來狙擊我的，然而他終於沒有出現。」

魯迅的風光，並未延續很久。畢竟他並非共產黨員，中共捧其為「左聯」的名義領袖，是要借重他的聲望，而不是要他實際領導。抑有甚者，中共為了更大的目的，可以將整個「左聯」犧牲，對魯迅自是明褒暗貶，甚且除之而後快。這種為達目的不擇手段的作風，執行人正是周揚。

周揚原名周起應，一九三三年下半年起在「左聯」中掌權。魯迅昔日曾作「自題小像」詩，

㊱ 魯迅：「對於左翼作家聯盟的意見」——三月二日在左翼作家聯盟成立大會講——收入二心集。」

强調「我以我血薦軒轅」㊲，多少表現出矢志救國的心願。結果，他於晚年飽受周揚的摧殘，忍不住在致友人書中，多次吐露「我以我血抗周揚」的實情。

一九三六年八月，魯迅發表了「答徐懋庸並關於抗日統一戰線問題」的萬言書㊳，怒斥徐懋庸及其背後的周揚。魯迅論及胡風、巴金等人與他的關係時，認爲胡風耿直，易於招怨，是可接近的；「而對於周起應之類，輕易誣人的青年，反而懷疑以致憎惡起來了」。

周揚時任「左聯」的黨團書記，執行着中共的統戰訓令，利用抗日愛國運動以求自保，於是提出「國防文學」的口號，來配合中共政治上「國防政府」的號召。此時周揚的權力增高不少。魯迅說他是「倚勢定人罪名，而且重得可怕的橫暴者」，「抓到了一面旗幟，就自以爲出人頭地，擺出奴隸總管的架子，以鳴鞭爲唯一的業績——是無藥可醫，於中國也不但毫無用處，而且還是有害處的」。

魯迅不甘就範，說明了他並非「共產主義的好戰士」。中國文士約可分爲兩類，一爲儒林（經師）；一爲文苑（詞章）。魯迅以後者的表現爲世所重，但在抱負上却傾向前者。他所以加

㊲ 該詩寫於魯迅留日時期。全詩是：

靈台無計逃神矢，風雨如磐黯故國。
寄意寒星荃不察，我以我血薦軒轅！

㊳ 魯迅該文寫於一九三六年八月三——六日，初發表於作家月刊一卷五期，後編入且介亭雜文末編。

入「左聯」，成為「革命的旗手」，實際的原因主要是不堪孤立，但內心多少有一份「排除阻礙與黑暗」的使命感支撑着自己。按照他過去的說法，「為人生」既是改良社會，而革命則是改良社會的積極和具體表現，當時他大約有此種想法。

周作人曾經表示一種看法：「言他人之志即是載道，載自己的道亦是言志」❸❾。魯迅的「為人生」，司馬長風先生認為是「言志」，與當時左翼的「為人生」是「載道」者不同，這是極細微的區別，但關係重大，因此他不願受教條約束。加上魯迅的個性總是感情牽動理智，只要感情的敵對存在，思想的距離隨之拉遠❹⓪，所以他對中共的訓令也就忿然違抗了。

身為「左聯」的掛名領袖，魯迅最後頗感自哀。他在憤怒地回覆徐懋庸後，另在致楊霽雲的信中指出：「因為不入協會，羣仙就大佈圍剿陣，徐懋庸也明知我不久之前，病得要死，却雄糾糾首先打上門來也。……其實，寫這信的雖是他一個，却代表着某一羣，試一細讀，看那口氣，即可了然❹❶。」這裏所謂「某一羣」，即指周揚及其徒衆。

一九三五年九月十二日，魯迅在致胡風的信裏更表露了被壓迫的心情：「一到裏面去，即醬在無聊的糾紛中，無聲無息。以我自己而論，總覺得縛了一條鐵索，有一個工頭背後用鞭子打我，

❸❾ 中國新文學大系，散文第一集導言。香港文學研究社，一九六二年影印本。

❹⓪ 司馬長風：「始於吶喊，終於徬徨——談魯迅的文藝思想」。載明報月刊一〇八期，一九七四年十二月。

❹❶ 許廣平：魯迅書簡，七一〇頁。

無論我怎麼起勁的做，也是打，而我回頭去問自己的錯處時，他却拱手客氣的說，我做得好極了，他和我感情好極了，今天天氣哈哈哈[42]。」所謂「裏面」即「左聯」，「工頭」即周揚。四十多年後的現今，周揚仍在台上聲言，魯迅「做得好極了」。

胡風曾問，三郎（蕭軍）應否加入共產黨？魯迅在回信中說：「這個問題我可以毫不遲疑的答覆你，不要加入！現在文藝作家當中，凡是在黨外的都還有一點自由，都還有點創作出來，一到黨裏就醬在種種小問題爭論裏面，永遠不能創作了，就醬死了。」這些話道盡了共產黨作品乏善可陳的原因。

一九三六年春，中共爲了「更好的促使文藝界抗日民族統一戰線的形成」，解散「左聯」。魯迅對此舉頗表不滿，認爲倘是同人所決定，方可謂解散；若有別人參加了意見，那就是潰散。他說：「這並不很小的關係，我確是一無所聞。」「潰散」之語，顯示魯迅對中共整個政策的不悅，而非僅向執行者周揚發怒。中共本對魯迅尊而不親，此時連表面的尊敬也省略了。

一九三六年五月四日，魯迅寫信給王冶秋時提到：「英雄們却不絕的來打擊。近日這裏在開作家協會，喊國防文學，我鑑於前車，沒有加入，而英雄們即認此爲破壞國家大計，甚至在集會上宣布我的罪狀。我其實也眞的可以什麼也不做了，不做倒無罪。然而中國究竟也不是他們的，

[42] 同註[41]，九四六頁。

我也要住住，所以近來已作二文反擊，他們是空殼，大約不久就要銷聲匿跡的[43]。」

周揚銷聲匿跡了嗎？魯迅立下了「一個怨敵都不寬恕」的遺囑後，終於在一九三六年十月十九日病逝。當他的遺體移到上海膠州路殯儀館時，中共的「左翼文化總同盟」派人在附近發傳單，指摘魯迅有錯誤[44]。這個簡稱「文總」的組織，地位在「左聯」之上，它的黨團書記也正是周揚。

不久，胡風在魯迅的葬禮上表示：「魯迅是被他的敵人逼死了的，我們要替他報仇[45]。」繼承了魯迅精神的胡風，後來果然指責周揚等在文藝界的宗派統治；而周揚則憑藉權勢鬪倒了胡風。世人有目共覩，魯迅加入「左聯」後，已使其文學創作停擺，晚年與共產黨人的遭遇戰，更促成其形體生命的提前告終。魯迅後來享有中共的各式讚譽和紀念，不過說明「同路人的屍首是香的」而已。

近年來，周揚仍然高據台上，以當年對付魯迅的手段，對付層出不窮的「反骨作家」。他執行着從毛澤東到鄧小平的一貫文藝政策，在「貫徹百家爭鳴、百花齊放」的笑臉下，時時顯露出「屠戶的凶殘」來。而這個被魯迅指爲「無藥可醫」的劊子手，還在紀念會上再三强調，大家要

[43] 同註[41]，九七二頁。

[44] 同註[17]，一一二頁。

[45] 見沫若文存十一卷，一八七頁。人民文學出版社，一九五八年第一版。

「學習魯迅」、「發揚魯迅的革命精神！」

毛澤東早在延安時期，就一面熱烈歌頌魯迅㊻，一面無情整肅魯迅型的作家。毛澤東已矣，這種現象在大陸上却仍然存在。鄧小平、胡耀邦、周揚師承毛澤東的故技，大陸作家的苦難何時了？五十年代中期，大陸知識分子在胡風被捕、「鳴放」的「陽謀」公開後，感慨地吐出兩句詩：

魯迅今日若不死，

天安門前等殺頭。

二十多年前的這兩句詩，無異預先駁斥了胡耀邦的「魯迅早死，非常遺憾」之說。魯迅與中共之間的恩怨，我們也可由此一角度來總結。

㊻ 一九四〇年，毛澤東在「新民主主義論」中，對魯迅做了如下的歌頌：

「在『五四』以後，中國產生了完全嶄新的文化生力軍，這就是中國共產黨人所領導的共產主義的文化思想，卽共產主義的宇宙觀和社會革命論。……而魯迅，就是這個文化新軍的最偉大和最英勇的旗手。魯迅是中國文化革命的主將，他不但是偉大的文學家，而且是偉大的思想家和偉大的革命家。魯迅的骨頭是最硬的，他沒有絲毫的奴顏和媚骨，這是殖民地半殖民地人民最可寶貴的性格。魯迅是在文化戰線上，代表全民族的大多數，向着敵人衝鋒陷陣的最正確、最勇敢、最堅決、最忠實、最熱忱的空前的民族英雄。魯迅的方向，就是中華民族新文化的方向。」

本文收入毛澤東選集第二卷。同註❻，六九〇——六九一頁。

從胡風的悲劇看中共文藝政策

一、前　言

一九七九年一月十六日，中共終於釋放了「反革命集團頭子」胡風。當天四川省「公安廳」人員突接指示，將胡風從雅安勞改茶場的監獄中釋出，送往成都安置❶。此距其一九五五年七月被捕下獄❷，已逾二十三年了。

一九八〇年三月底，胡風來到北平就醫。此時正值「左聯」五十週年紀念的高潮，人們見到胡風，不免議論了三十年代的功過是非。胡風聞後由於躭憂，在六月間精神病復發，出現了幻聽。有時深夜起來穿衣，說是要去受審。於是被送到「北醫」附屬醫院的精神科病房。

❶　崔悠生：「胡風訪問記」，中報月刊十三期，一九八一年二月。

❷　原見「新華社」一九五五年七月十八日上海電。引自翟志成：「中國知識份子的悲哀——胡風歷略」，中國人月刊二卷十一期，一九八〇年十二月。

一九八〇年十月間，海外來人在醫院裏和他見面。此時的胡風已是一位兩眼無神、口齒不清、涎水直流、衰頹不堪的精神病兼腦動脈硬化症患者了。當訪問還在進行時，胡風的「心因病」突然發作，眼神驟變，表情冷峻，用嘶啞衰竭的聲音趕走訪客❸，而留給大家無窮的傷感。

胡風的悲劇是中共造成的。由其被捉放的過程，可以看出中共文藝政策的本質和發展，值得我們探討。

二、「我們要替魯迅報仇」

胡風原名張光人，又名張光瑩，號谷非，另有谷音、張谷音、鼓聲等筆名，曾在信中自稱「荒胖子」。一九〇四年多，生於湖北省蘄春縣鄉下。

一九二一年，胡風進入啓黃中學。時爲五四運動後兩年，他接觸到新文學，閱讀後陷入沉醉的地步，尤爲冰心所倡「愛的哲學」所吸引❹。不久，他在晨報副刊上讀到魯迅的「吶喊」自序，後來又買到單行本，深感書中所寫正是包圍自己的黑暗和痛苦，因此魯迅成爲他「最親愛的名字❺」。

❸ 同註❶。
❹ 胡風：「理想主義者時代的回憶」，上海生活書店，民國二十六年四月初版，三九五——四〇九頁。
❺ 胡風：「在混亂裏面」，作家書屋，民國三十四年，八〇頁。

一九二三年，胡風離開武昌，到南京就讀東南大學附中，與同學巴金等人都選修了「新文藝班」❻。此時他一面參加學生運動，一面又信仰托爾斯泰和廚川白村的戀愛至上說。一九二五年五卅慘案發生後，他在「中國青年」上鼓吹革命，同年加入了共產主義青年團❼。

一九二五年七月，胡風考上北京大學，次年轉到清華，但更覺不滿。北伐軍於該年攻克武漢後，他就返鄉入國民黨縣黨部。一九二七年清黨，胡風因在國民黨內為共產黨工作，所以就逃往江西。次年赴日本，先後進慶應大學和早稻田大學，並加入共產黨，以及左傾的「藝術學研究會」。胡風留日時，又為「左聯」東京分盟負責人之一，用谷非的筆名撰寫馬克思主義文藝理論，並從事翻譯工作。

一九三一年，胡風一度返國，於此時正式加入「左聯」❽。一九三三年春，他在日本被警視廳監禁數月，然後遣送回國。此時他在日本的共產黨組織關係並未轉來，所以還不算是中共黨員。到上海後，經魯迅學生馮雪峯的介紹❾，加盟魯迅系，受提携而任「左聯」常委。

❻ 徐大悲：「胡風與魯迅」，香港中聲晚報，一九五五年六月十三日。

❼ 原見文藝報，一九五五年第十一號。同註❷所引。

❽ 「魯迅書信選」，上海人民出版社，一九七三年九月版，二〇四頁之註釋❶。

❾ 「關於胡風反革命集團的第三批材料」，人民日報，一九五五年六月十日。

一九三五年底起，胡風爲了阿Q的典型問題，與周揚筆戰半年。周揚此時爲配合中共政治上的需要，提出「國防文學」的口號。魯迅與周揚原就不睦，便於一九三六年五月請胡風寫「人民大衆向文學要求什麼」一文，提出「民族革命戰爭的大衆文學」口號，和周揚針鋒相對，引起「左聯」解散後的兩個口號之爭。同年八月，魯迅發表了「答徐懋庸並關於抗日統一戰線問題」萬言書，做爲對周揚系的總答覆。魯迅認爲胡風耿直，易於招怨，是可接近的；對周揚之類「輕易誣人的青年，反而懷疑以至憎惡起來了」。魯迅的評語使得胡風成名，吳奚如擬吸收他加入中共，胡風雖表示願意，但態度猶豫，遂作罷。當時他受「中共中央特科」的委託，擔任「特科」與魯迅之間的「機要交通員」，公開的職業則是中山文化教育館編譯⑩。

一九三六年十月十九日，魯迅在上海病逝。胡風不久後在葬禮上發表演講，指出「魯迅是被他的敵人逼死的，我們要替他報仇⑪。」胡風參加治喪委員會，負責起草訃文，撰寫時全身顫抖，「完完全全地沉湮在熱淚裏面」⑫。

一九三七年十月，胡風抵達武漢，對其時的左翼文壇深感不滿，聲言要做「新的第三種人」

⑩ 此爲玄默先生賜告。另有一說：胡風於一九三六年被馮雪峯吸收加入了中共，見「文藝界反黨分子馮雪峯是丁陳集團參加者，胡風思想同路人」，人民日報，一九五七年八月二十七日。

⑪ 「沫若文集」，十一卷，人民文學出版社，一九五八年初版，一八七頁。

⑫ 胡風「棘源草」，上海希望社，一九四七年三月版，六六頁。

⑬。他創辦「七月」雜誌⑭。批評教條和公式的作品，引起中共恐慌，派馮乃超勸他接受領導，被拒，中共於是攻擊這份刊物「過於暴露黑暗」⑮。一九三九年，胡風在重慶反對郭沫若提倡的文化普及運動，指爲愚民政策⑯。次年他發表「論民族形式問題」，批評陳伯達、艾思奇、周揚、何其芳、羅蓀等人不懂現實主義。實際上，他是不同意毛澤東關於「民族形式」的看法。至抗戰後期，他又發表「現實主義在今天」，以不指名的方式攻擊毛澤東在延安文藝座談會上的講話。

一九四五年抗戰勝利，胡風回到上海，三年內出版了兩本文學論集，仍多批評「主觀唯物論」之作；又與在香港的中共文人林默涵、邵荃麟等筆戰。一九四八年冬，他在中共「逼與請的雙攻⑰」下來到香港，次年一月搭船進入東北「解放區」，展開他悲慘的後半生。

三、胡風批判「五把刀子」

一九四九年十月中共政權成立，次月何其芳就在「『關於現實主義』的序」裏，猛烈批評胡

⑬ 吳奚如：「徹底查明胡風的政治背景」，長江日報，一九五五年六月十日。
⑭ 據玄默先生賜告，胡風辦「七月」雜誌時，仍秘密接受中共「長江局」文委（書記爲凱豐）的指導。
⑮ 胡風：「爲了明天」，作家書屋，一九五〇年八月初版，三八頁。
⑯ 魏璧佳：胡風反革命理論的前前後後」，文藝報，一九五五年第十四期。
⑰ 一九四四年九月十九日胡風給舒蕪的信，見一九五五年五月十三日人民日報。

風。此時周揚、林默涵、何其芳等人都已負責中共文藝工作，胡風則只掛名若干虛銜。一九五〇年，人民日報等攻擊胡風系的阿壠，文藝報也先後刋出蕭三和何其芳的文章，批評胡風的長詩「時間開始了」。一九五一年，胡風被調到四川參加土改，結束後往返於北平上海間，躲過了接踵而來的文藝界大整風，但其手下舒蕪在周揚的誘逼下投降。一九五二年五月，舒蕪寫了「從頭學習『在延安文藝座談會上的講話』」⑱，承認自己在「論主觀」一文中的錯誤，不久又發表「致路翎的公開信」⑲，勸他和胡風劃清界限。同年十二月，林默涵和何其芳在胡風文藝思想討論會上發言，正式宣布了胡風的罪狀。

一九五三年初，文藝報刋出了這兩人整理過的發言稿⑳。林默涵明白指出，胡風的文藝思想在本質上是反馬克思主義的，和毛澤東的文藝方針背道而馳，而「錯誤的根源」，在他一貫以非階級的觀點對待文藝問題。「胡風就是這樣地，在輕視革命理論的作用時，強調生活實踐，在接觸到作家和生活的關係時，又以所謂到處都有生活，到處都有人民的論調，來實際上使作家安於

⑱ 該文原載一九五二年五月二十五日長江日報，同年六月八日人民日報轉載。
⑲ 見文藝報，一九五二年第十八期，一九五二年九月出版。
⑳ 林默涵的文章題爲「胡風的反馬克思主義的文藝思想」，何其芳的文章題爲「現實主義的路，還是反現實主義的路」，兩文發表於一九五三年文藝報二、三月號，並收入「胡風文藝思想批判論文彙集」二集，北平作家出版社，一九五五年版。

現有的生活圈子，否認作家有深入工農、參加實際鬥爭的必要。這就是胡風對於革命理論和對於生活實踐的錯誤看法。」林默涵的上述指控，使得胡風由過去「資產階級或小資產階級的個人主義文藝思想」，變爲大逆不道的反馬克思主義和反毛了。何其芳的文章也強調，胡風在文藝工作方面拒絕中共的領導，拒絕毛澤東思想的領導，而且反對無產階級現實主義。

胡風此時不甘示弱，乃利用中共文藝幹部因「紅樓夢研究」事件被毛澤東指責的機會，向中共中央「告御狀」。他於一九五四年三月起收集資料並動筆，七月呈上兩次合計二、三十萬字的意見書。此舉除爲自己和手下伸寃外，還希望中共能够重新檢討文藝政策，撤換文藝官僚。

他在意見書中反攻林默涵和何其芳，指責他們用主觀主義的理論與宗派主義的做法，在一九四九年以後，以黨的名義取得了絕對統治的地位，幾年來造成新文藝的枯萎；大多數青年文藝工作者被引到各種公式和概念中，思想鬥爭也完全用命令主義來代替，脫離了實踐，使得群衆不滿、惶恐，作家更充滿苦悶，整個文藝界出現了混亂與蕭條。

胡風繼續慷慨直言，指出在宗派主義的地盤上，由林默涵和何其芳對他的批評卽可看出，讀者和作家頭上被放下了五把「理論」刀子。他提到這著名的「五把刀子」原文如下：

一、作家要從事創作實踐，非得首先具有完美無缺的共產主義世界觀不可，否則，不可能望見這個「世界觀」「一元化」的社會主義現實主義的創作方法底影子，這個世界觀就被送到了遙遠的彼岸，再也無法可以達到，單單這一條就足够把一切作家都嚇啞了。

二、只有工農兵底生活才算生活，日常生活不是生活，可以不要立場或少一點立場。這就是把生活肢解了，使工農兵底生活成了眞空管子，使作家到工農兵生活裏去之前逐漸痲痺了感受機能；因而使作家不敢也不必把過去和現在的生活當作生活，因而就不能理解不能汲收任何生活，尤其是工農兵生活。

三、只有思想改造好了才能創作。這就使作家脫離了實踐，脫離了勞動，無法使現實內容走進自己內部，一天一天乾枯下去，衰敗下去，使思想改造成了一句空話或反話。

四、只有過去的形式才算民族形式，只有「繼承」並「發揚」「優秀的傳統」才能克服新文藝底缺點；如果要接受國際革命主義和現實主義文藝底經驗，那就是「拜倒於資產階級文藝之前」。這就使得作家即使能够偷偷地接近一點生活，也要被這種沉重的復古空氣下面的形式主義和舊的美感封得「非禮勿視」，「非禮勿聽」，「非禮勿動」，因而就只好「非禮勿言」，以至於無所動無所言了。

五、題材有重要與否之分，題材能決定作品底價値，「忠於藝術」就是否定「忠於現實」。這就使得作家變成了「唯物論」的被動機器，完全依靠題材，勞碌奔波地去找題材，找「典型」，因而，任何「重要題材」也不能成爲題材，任何擺在地面上的典型也不成其爲「典型」了。而所謂「重要題材」，又一定得是光明的東西，革命勝利了不能有新舊鬥爭，更不能死人，即使是勝利以前死的人和新舊鬥爭。革命勝利了不能有落後和黑暗，卽使是經過鬪爭被克服了的落後和黑暗，等等，等等。這就使得作家什麼也不敢寫，寫了的當然是通體「光明」的，也就是通體虛僞的東西，取消了尚待克服的落後和「黑暗」也就是取消了正在前進的光明，使作家完全脫離政治脫離人民爲止……。

至此，胡風不禁質問：在這五道刀光的籠罩下，還有什麼作家與現實的結合？還有什麼現實主義？還有什麼創作實踐可言？對大多數已被摧殘的作家來說，要他們自動或單憑理論去改變，那就等於要被捆住了手脚的人跳舞。以上種種，充分表現出胡風的「知無不言，言無不盡」，不過跟着便是「言者有罪」了。因爲「五把刀子」批評的矛頭表面指向林默涵和何其芳，實際卽指向毛澤東，致觸其大怒。例如第三把刀子是「思想改造問題」，胡風認爲作家不必接受改造，此種觀點確與毛的延安文藝講話背道而馳，其他各點亦然。

四、「徹底粉碎胡風集團」

批鬥胡風的高潮，自然也是在「紅樓夢研究」事件發生後掀起的，一九五四年十月，文藝報主編馮雪峯因該事件而受牽連，「中國文聯主席團」和「中國作家協會主席團」爲此先後召開了八次擴大聯席會議。胡風在會上發言，借批評文藝報攻擊了周揚系的敎條宣傳，指爲「基本上是從庸俗社會學的思想態度和思想方法出發」。同年十二月，周揚在最後一次會議上做了「我們必須戰鬥」的總結報告，激烈批評了胡風。

一九五五年一月，毛澤東決定親自出馬，公開胡風的意見書，並且展開批判。一月十七日，周揚在中央宣傳部的會議上正式傳達了這項決定。同時文藝報將意見書印裝成册，以「胡風對文藝問題的意見」爲題，隨該年的第一、二號合刊發出。

胡風此時深知情況危急，趕緊寫了一份「我的自我批判」，又寫了對意見書的檢討，前者還修改並加上附記，但已回天乏術。此時舒蕪已交出胡風寫給他的三十四封信，胡風系所有的人都遭同時抄家，檔案資料也被調到北平㉑。

毛澤東根據這些信件等物，親自動筆寫按語㉒，於五月十三日、二十四日和六月十日，分三次在人民日報上公布了關於「胡風反革命集團」的材料。毛澤東在按語中指出：「過去說是『小集團』，不對了，他們的人很不少。過去說是一批單純的文化人，不對了，他們的人鑽進了政治、軍事、經濟、文化、教育各個部門裏。過去說他們好像是一批明火執仗的革命黨，不對了，他們的人大都是有嚴重問題的。他們的基本隊伍，或是帝國主義國民黨的特務，或是托洛茨基分子，或是反動軍官，或是共產黨的叛徒，由這些人做骨幹組成了一個暗藏在革命陣營裏的反革命派別，一個地下的獨立王國。」毛澤東的這段「御批」，使得胡風的苦難一天比一天逼近。

㉑ 郝浩：「胡風事件眞相」，爭鳴月刊，一九七九年九月號。

㉒ 毛澤東親自撰寫的按語，初以「人民日報編者」的名義發表。文革期間，這些按語收進了「語錄」。一九七七年出版的毛澤東選集第五卷，也正式收進了這些按語，題爲「『關於胡風反革命集團的材料』的序言和按語」。

在搜出的「反革命」材料中，最令毛澤東感到難堪的，是一九五一年八月二十二日張中曉致胡風的信，他批判了「在延安文藝座談會上的講話」後說：「這書，也許在延安時有用，現在，我覺得是不行了，照現在的行情，它能屠殺生靈，怪不得幫閒們奉若圖騰！」毛澤東對這些看法懷恨不已，於是親自下手整肅。他還發動製造了輿論，使得一九五五年五月十三日到七月九日之間，人民日報就收到了要求嚴懲胡風的「讀者來信」一萬一千八百封。

一九五五年五月二十五日，「中國文聯主席團」、「中國作家主席團」再度舉行七百多人的擴大會議，通過了五項決議㉓：

一、根據「中國作家協會章程」第四條，開除胡風的會籍，並撤銷其所擔任的理事職務，以及「人民文學」的編委職務。

二、撤銷胡風所擔任的「中國文聯全國委員會委員」之職。

三、向「全國人民代表大會常務委員會」建議：根據「憲法」第五十八條，撤銷胡風的代表資格。

四、向「最高人民檢察院」建議：對胡風「反革命」罪行進行必要的處理。

五、警告「中國作協」及「中國文聯」其他幾個協會中的胡風集團分子，他們必須站出來揭露胡風，批判自己，重新做人。今後是否保留會籍，將根據他們的實際行動來考慮。

㉓ 同註㉒所引。

一九五五年七月五日，「第一屆全國人民代表大會第二次會議」在北平開幕。七月十六日會議還在進行，「人代會」的兩名代表——胡風和潘漢年就同時被捕了㉔。接着，中共在全大陸展開了「堅決徹底粉碎胡風反革命集團」和「肅清一切暗藏的反革命分子」運動，胡風集團的重要分子阿壠、路翎、綠原、朱谷懷等相繼被捕，投向中共的舒蕪在兩年後也被扣上「右派分子」的帽子㉕。

㉔ 同註㉑。

㉕ 同註㉑。另據翟志成先生分析，在被中共打成「胡風分子」之中，眞如阿壠、路翎、方然、歐陽莊那樣，一直參與集團的核心機密，有組織、有計劃、有步驟地反抗中共控制者，畢竟是少數；雖未參與集團的核心機密，但在文藝思想上與胡風一致，行動上又支持胡風的如曾卓、彭柏山、魯黎、朱谷懷等也非多數。還有一大批本來不够資格當胡風分子的人，中共強派他們的「罪名」也只能總括如後：

1. 文藝思想與胡風接近，或在課堂上、文章中公開稱讚過胡風分子的作品，如馮大海、李離等人。
2. 因投稿而認識胡風，或曾在胡風系的刊物上撰文，如顧牧丁；或曾在自己編輯的刊物中登過胡風分子的作品，如梅林；或在自己的書店中出過胡風分子的書，如史許華。
3. 同情胡風集團，不滿中共的種種逼害，因此說了些公道話，如牛漢、呂熒等。
4. 曾把中共文藝政策的文件有意或無意地向胡風集團洩露，如黃若海、華田等。
5. 作品曾受胡風稱賞者，如金山。
6. 胡風等人的家屬，如胡風妻梅志、謝韜妻蘆玉、黃若海妻趙梅嘉等。
7. 崇拜胡風等人的讀者，如吳繼雲、劉振輝等。
8. 未在自己的編輯的報刊上轉載人民日報反胡風的長文，如郭仁成。

以上分析，見翟志成：「隻手遮天廿五年——毛澤東與胡風」，中國人月刊一卷九期，一九七九年十月。

一九八一年一月二十三日香港大公報透露，今年第一期的文滙月刊，載有胡風的文章「向朋友們、讀者們致意」。胡風寫道「由於我的原因，不少幼苗，中途夭折。今天，想到那些曾經見過及未見過，但都因我而受株連的朋友們，自慚之情佔據了我的整個靈魂。但我深知，這種謝罪是他們所不需要的，這些刼後餘生與死者需要於我的，是鼓起餘勇，繼續前進！」

中共在文革以前發動的歷次文藝整風，以胡風事件株連最廣，影響最大。一九五七年七月十八日的人民日報社論透露，在胡風被捕後中共展開的「肅反」運動中，一共淸查出八萬一千多名「反革命分子」，有一百三十多萬人交代了各種「政治問題」。

五、中共堅持文藝教條

一九四二年五月，毛澤東在延安文藝座談會上發表講話，首先指出召開座談會的目的，「就是要使文藝很好地成爲整個革命機器的一個組成部分，作爲團結人民、教育人民、打擊敵人、消滅敵人的有力的武器，幫助人民同心同德地和敵人作鬥爭」，接着毛澤東强調爲達此目的，應該解決五個問題：

一、立場問題—「站在無產階級和人民大衆的立場」。對共產黨員而言，「也就是站在黨的立場，站在黨性和黨的政策的立場」。

二、態度問題—對敵人是暴露和打擊，對同盟者是有聯合有批評，對自己人則要歌頌和讚揚。

三、工作對象問題—文藝作品的接受者是「各種幹部、部隊的戰士、工廠的工人、農村的農民」。

四、工作問題—首要工作是了解熟悉工農兵，「知識分子出身的文藝工作者，要使自己的作品爲群衆所歡迎，就得把自己的思想感情來一個變化，來一番改造」。

五、學習問題—「學習馬列主義」和「學習社會」。

至此，中共確立了文藝為工農兵服務的方針，將文藝進一步共產化、教條化。這篇講話和繼後的整肅，就是想把三十年代的左翼作家重新集合整訓，為其所用。

胡風雖屬左翼作家，但他的思想複雜，在本質上不能完全忘懷廚川白村所說，「文藝是純然的生命的表現；是能够全然離開了外界的壓抑和強制，站在絕對自由的心境上，表現出個性來的唯一的世界。忘却名利，除去奴隸根性，從一切羈絆束縛下解放出來，這才是文藝上的創作㉖」。因此，他無法忍受毛澤東「文學為政治服務」的訓令，自然傳出了反抗之聲。他痛切指出的「五把刀子」，正是針對毛澤東講話而發的。

數十年來，中共一直執行毛澤東的文藝訓令，要求作家和藝術家全力効忠共產黨，因此訂下許多「清規戒律」，造成胡風所說的現象：「這殭屍統治的文壇，我們咳一聲都有人來錄音檢查的㉗。胡風的悲劇固然肇因於其自由思想以及和周揚的宿怨，而周揚所以能够長期得勢，蓋與其投毛澤東之所好有關。誠如金達凱先生指出㉘，胡風繼承了魯迅的反抗性和結合了中共地下鬥爭

㉖ 廚川白村：「苦悶的象徵」，見魯迅全集第十三卷，北平人民出版社，一九七三年版，三二頁。

㉗ 胡風一九五一年一月十六日給牛漢的信。他在信中還說：「但我在磨我的劍，窺測方向，到我看準了的時候，我願意割下我的頭顱拋擲出去，把那個髒臭的鐵壁擊碎。」此信收入一九五五年五月二十四日人民日報：「關於胡風反革命集團的第二批材料」。另見一九五五年第十一期的文藝報轉載。

㉘ 金達凱：「胡風問題的因果」，見「左翼文學的衰亡」，黎明文化出版公司，民國六十二年出版，四一頁。

的破壞性，主張暴露現實的黑暗，希望有表達的自由。周揚等人則站在統治的立場，主張歌頌現實的光明，要求作家機械地追隨黨的政策。因此，過去在反對國民黨的文藝活動中，胡風是中共的功臣；後來在鞏固政權強化統治的文藝路線上，胡風則變成了中共的逆子。

周揚本人在文革時也難逃刼數，這只說明毛澤東嫌他執行命令還不够徹底，因而由江青、張春橋、姚文元來接替。文化大革命的動機，質言之，就是要摧毀所有與「毛澤東思想」不符的文化思想。江青等人執行的文藝路線，在毛澤東的心目中，自屬最爲正確。

四人幫被打倒以後，中共當權派曾一度開放傷痕文學，藉以加強揭批的力量，並圖趁此轉移民憤。但中共的文藝政策仍奉「毛澤東思想」爲圭臬，並未改弦更張。胡風被釋後的一個月——一九七九年二月二十日，人民日報就以「特約評論員」名義（此名義常代表中共中央），發表了「無產階級文藝和社會主義民主」一文，再度强調「我們的文藝是『團結人民、教育人民、打擊敵人、消滅敵人』的有力武器。它應當勇敢地宣傳無產階級的世界觀，宣傳馬克思主義的科學民主精神，批判封建主義、資本主義，批判迷信和專制；它應當熱忱地歌頌社會主義的新生事物，歌頌人民群衆創造歷史的偉大業績，無情地鞭笞一切反動事物，批判一切舊傳統觀念和舊習慣勢力。」凡此論調，除了一句「批判迷信和專制」外，幾與四人幫完全相同。由此可知，中共的文藝政策源自毛澤東的「在延安文藝座談會上的講話」，數十年來在執行上或未完全一致，但在本質上却無不同。中共最近批鬥作家白樺、王若望等，卽其例證。

一九八一年四月，黃克誠發表了評論毛澤東功過的長文㉙。李先念稍後對外賓表示，該文代表了中共領袖的集體意見㉚。這篇文章對毛澤東有褒有貶，但對「毛澤東思想」却予以全面肯定。談到文藝方針時，黃克誠表示，現在有人在批判毛澤東的延安文藝講話。「這篇講話的根本思想是提出文藝要爲工農兵服務，要起到團結人民、教育人民的作用，這與我們現在講的文藝爲人民服務、爲社會主義服務在實質上是一個意思，怎麼能把這兩個提法對立起來呢？離開了工農兵還談得上什麼人民呢？文藝不起團結人民、教育人民的作用，又怎麼爲社會主義服務呢？文藝界這幾年出現了一大批好作品，對革命事業起了很好的作用。但也確有少數人打着思想解放的幌子，否定毛主席提出的文藝方針」。

黃克誠的文章除了暴露大陸上有人反對毛澤東的文藝教條外，還顯示出中共今後仍將堅持這些胡風批評過的教條。在這種情況下，周揚於一九七九年在日本宣稱，「中國現在已經出現了文藝的春天；也可以自由地說話、寫作㉛」，就變成美麗的謊言了。胡風以被折磨成精神病患之身，一九八一年掛名爲中共的「魯迅誕辰一百週年紀念委員會」委員，除了喚醒世人對他悲劇的記憶外，又有什麼實質意義呢㉜？

㉙ 黃克誠：「關於對毛主席評價和對毛澤東思想的態度問題」，解放軍報，一九八一年四月十日。

㉚ 今年四月十九日，李先念對英國自由黨領袖史提爾表示了此意。

㉛ 丁力：「『剃刀周揚』在日本」，聯合報副刊，民國六十八年十月十五日。

㉜ 一九八一年四月二十一日，紀念魯迅誕辰一百周年籌備委員會在北平成立，胡風也被列名其中。

六、結論

綜上所述，可知胡風與中共的正式分裂，始於他在抗戰期間，對毛澤東的「民族形式」問題和「在延安文藝座談會上的講話」堅持不同意的態度。在政治立場上，胡風原與中共一致，也受中共信任，周揚就曾稱他爲「沒有入黨的布爾希維克」。但是中共對待文藝作家，目的僅在利用，一旦不可利用卽反目成仇，橫加迫害。胡風的悲劇，就是一個典型的實例。

胡風文藝思想的淵源不止一端，除受廚川白村式自由主義的影響外，就他的「精神奴役創傷論」而言，是傳統民族文化的否定者；就他的「主觀戰鬥精神論」而言，其中却含有中國儒家「仁」、「誠」之道的成分。凡此觀點，自與扼殺自我、強調鬥爭的「黨性文學」大相逕庭。白樺最近被迫「自我檢討」時，也宣稱今後要「加強黨性鍛鍊」。由此可知，胡風的悲劇因中共的文藝政策而產生，並在追求過眞理的大陸作家身上重演。今後，這種悲劇仍會延續下去——除非眞理戰勝了中共。

誠如丁望先生在一九八一年四月二十五日香港明報的「新聞分析」中指出，胡風出任委員只是一個小小的點綴。胡風、馮雪峯與魯迅的關係特別深，馮雪峯已死，現唯胡風最能充數。這並不能說明北平有了「文藝的春天」，胡風實在只是活着的「歷史人物」，在大陸文藝界早已喪失地位，更與文藝思潮和創作主流脫節。因此我們得知，胡風的悲劇可謂三十年代左翼作家的共同悲劇；這種悲劇因中共仍堅持毛澤東的文藝敎條，以致並未眞正解除。

大陸作家在海外

一、前言

世人皆知，毛澤東發動文化大革命，首當其衝的是大陸文藝界，受害最烈的也是這個領域。文革初期，江青在毛澤東的認可下提出「文藝黑線專政論」❶，指陳大陸文藝界於中共政權建立以來，被一條與毛澤東思想相對立的黑線專了政，它是資產階級和現代修正主義文藝以及三十年代文藝的結合。此說既出，三十年代以來的作家紛紛飽受批鬬，難逃摧殘。

毛死江倒，四人幫事件塵埃落定之後，一些倖存的老作家才像出土文物般逐漸露面，也重新引起世人的注意。近年來，中共當權派爲了顯示大陸還有文藝的春天，更爲爭取海外華人的認同，

❶ 一九六六年二月，江青在上海主持「根據林彪同志的委託」召開的「部隊文藝工作座談會」。她於會後寫了一份「紀要」，所謂「文藝黑線專政論」即由此提出。這份「紀要」經毛澤東三次親自審閱和修改才定稿，見「林彪同志給中央軍委常委的信」，收入江青同志論文藝，第三頁，一九六八年五月出版。

乃利用老作家的知名度，派遣他們出國訪問，希望達到上述目的。中共的企圖尚不止此，加強與各國的「文化交流」，亦爲其一。此外，接待單位也常邀請臺灣作家或學人、留學生共聚一堂，中共自樂於引發世人「兩岸一家」的印象。對老作家本身來說，刼後餘生，還有機會出國一遊，多少視爲受惠。中共既認爲此舉不啻一石數鳥，所以就屢派不鮮了。

近年來大陸作家出國者不少，組團或三兩人成行皆屬常見。本文特就其中代表性人物的代表性之旅，論述如後，由此可見大陸文壇的現狀、作家的心態和言論尺度等，中共文藝政策的走向，亦不難由此得知。

二、周揚在日本

一九七九年五月，周揚應「中日文化交流協會」和「講談會」之邀，率領作家代表團訪問日本，同行者包括其妻蘇靈揚、歐陽山、姚雪垠、馮牧、梁斌、女作家楊沫、柯岩、秘書林紹綱、翻譯周斌等。

周揚在東京、名古屋、京都三處演講，並巡訪各地，與許多日本作家談話。我們由其內容和對象可知，此行主要在跟日本人「聯誼」，與華僑和留學生的接觸則較少。他的三場講演題目相同：「中日友好與中日文化交流」，重複強調中日之間已有千餘年的交流史。

論及近代，周揚表示，上個世紀末以來，中國有許多知識分子到日本求學，其中魯迅與郭沫若後來都成爲中國新文化運動的先驅。周揚本人自上海大夏大學畢業後，也於三十年代初期留日。他說：「我雖然成爲年輕的馬克思主義者，終因經驗淺薄，犯了各種錯誤，不斷與魯迅先生辯難，但每一次都是他對❷。」

魯迅晚年每苦於周揚的暗箭，但中共基於「同路人屍體是香的」，對魯迅的死魂靈多所揄揚，幾達超凡入聖的地步，加上魯迅在日本也頗受推崇，因此周揚「遲來的認錯」實不可免。談到四十年代的整風時，周揚卻說：「一九四二年的『整頓共產黨的作風』，它的效果遠超乎共產黨的內部，影響到全體中國人民的思想，而抗日戰爭方能於三年後獲得勝利❸。」

周揚此說，可謂昧於史實。四十年代毛澤東在延安進行整風時，周揚是執刀者，鬪爭王實味即其傑作，對此他似乎猶有得色，所以刻意誇張。其實中共當時的整風尤其是文藝部分，倒是喚醒了不少知識分子的迷夢，埋下作家抗議的種子，近年來大陸傷痕文學的流行，不正是這種抗議精神的延續嗎？

文革期間，周揚在獄中被扣上手銬，單獨囚禁了九年。由於此擧出自毛澤東的本意，所以周揚現在不便多談個中情況，但他在東京、京都等地演講時，仍不忘批評四人幫，說他們的破壞至深且鉅。周揚同時表示：「中國現在已經出現了文藝的春天，也可以自由地說話、寫作了。」世

❷ 丁力：「『剃刀周揚』在日本」，聯合報，民國六十八年十月十五日。

❸ 同註❷。

人皆知，自由說話和寫作原屬基本人權，但在大陸久不聞此調，所以周揚言及，不免又有得色。但此事畢竟禁不起時間的考驗，白樺事件卽其一例。

周揚在箱根時，接受了讀賣新聞安排的一場對談，參加者包括柯岩、日本作家井上靖、城山三郎。周揚首先表示，在現代化和文學的領域裏，都要「大大的向日本朋友學習」。他接着提到以下幾點：

1.在四人幫被粉碎後的兩年多中，以華國鋒爲首的黨中央，全面展開了批判四人幫運動。現在成爲問題的是無形影響，例如創作並不反映現實生活，却按一定的框子格式，便是四人幫的遺毒之一。

2.要把對於「革命」有過重大貢獻的老一輩，寫進作品裏。像「丹心譜」這個新劇，就在描寫周恩來。

3.有部分作家，把四人幫的惡行寫成劇本與小說。最近，人民文學把這兩年多中所載的二十五個短篇小說，輯成特輯發表，內容幾乎全在批判與暴露四人幫的罪惡。正因每篇都以眞實感寫成，所以很受歡迎。但是，這裏有人提出一個新問題：「爲什麼在像中國那樣的社會主義國家裏，會有四人幫的人物出現？」這個問題，很自然地會被問及的。

4.又有一部分人批評這種文學作品——描寫四人幫惡行的作品，屬於感傷主義，單是暴露黑暗的現實。但他認爲這種小說是必要的，應該寫，應該得到評價，並沒有所謂感傷主義的反效果成分❹。

周揚認爲四人幫的遺毒之一，便是創作不反映現實生活。其實這項遺毒源遠流長，胡風在五十年代提出的「寫眞實」論，就是針對中共規定的框架太多而發，那時何來四人幫？倒是周揚強調的第二點——要寫「革命英雄」，却與四人幫提倡的「三突出」論有些相似。所謂三突出，就是「在所有人物中突出正面人物，在正面人物中突出英雄人物，在英雄人物中突出主要英雄人物」。三突出主張第一號人物都要「高大完美」，四人幫下臺後，在中共新當權派的刻意神化下，周恩來不正是「高大完美」嗎？

暴露四人幫罪惡的作品，就是盛行一時的傷痕文學。中共爲了轉移民憤，曾經鼓勵此類作品出現，所以周揚在日本表示，這種小說是必要的，應該得到肯定的評價。但言猶在耳，半年後他在第四次文代會上却改口，說不贊成以自然主義的方式來反映這些傷痕，以免造成不利於中共的思想和情緒❺。由此可知，周揚在半年之內推翻了自己的觀點——如果他在海外所言是由衷的話

❹ 沈西城譯述：「周揚與日本作家的對話」，明報月刊一六五期，一九七九年九月。

❺ 周揚：「繼往開來，繁榮社會主義新時期的文藝——一九七九年十一月一日在中國文藝學術工作者第四次代表大會上的報告」，人民日報，一九七九年十一月二十日。

❻。至於「爲什麼在中共裏面會有四人幫出現」這個問題，周揚的無辭以對是「很自然地」，又有那一名中共領袖能够公開回答？

三、曹禺在美國

一九八〇年三月，曹禺由「美中學術交流委員會」、「美中藝術交換中心」二機構安排，抵美參觀訪問，並舉行討論會，全程一個多月。同行者還有翻譯英若誠，他是英千里先生遺留在大陸上的兒子。

❻論者以爲，周揚由於自己也難逃文革的浩刼，所以復出後修改了言行，不若以往那樣磨刀霍霍。我們持平而論，周揚現已非大陸文藝幹部中的首要操刀者，但他仍不改教條，時刻追隨當權者的文藝路線。當他訪問日本時，正值中共一度開放傷痕文學；待他返回大陸不久，文藝路線由放變收，他也就改口譴責傷痕文學了。

周揚對傷痕文學的批評是延續的。一九八一年四月二十一日，人民日報刊出他的講話，對「苦戀」做了不指名的攻擊。同年十一月四日的外電報導，周揚因爲他的自由化傾向和不願意參加批判運動等原因，所以辭去了在中共中央宣傳部的職位。此說其實不確，緊接着在次日，中共「外交部」發言人就對外電的報導予以否認：「周揚現在仍居於黨宣傳部副部長的地位，也是文學藝術界聯合會主席、社會科學院副院長，並沒有變更。」這項「更正」的消息，臺灣各報皆未披露。

一九八一年十二月十五日，「中國文聯主席團」舉行擴大會議，周揚在講話中再度強調，文藝戰線要堅持四項基本原則，社會主義文藝要反對自由化等。由此可見，周揚一九七九年五月在日本表示讚揚傷痕文學，實爲奉行中共當權派的一時權宜之計，如今已成過去。

曹禺到達紐約後，由美國名劇作家亞瑟米勒接待，觀看自己的舊劇「北京人」在美公演，然後與美國戲劇界人士面晤，討論中國戲劇創作的潮流和趨勢。結束後，他又到哈佛、耶魯、史丹佛等大學訪問。據在紐約哥倫比亞大學看見他的人指出，曹禺發言不多，對各人所提的問題常一問三不知，令慕名而來者感到失望❼。

曹禺從一九三四年的「雷雨」一劇起，十五年內寫了十多部劇作，建立了頗高的地位。三十年代以來，他的劇本經常搬上舞臺，名噪一時。中共取得政權後，三十多年來他却只寫了三個劇本，而且多爲奉命之作❽。曹禺已是共產黨員，平日謹言愼行，但仍逃不過文革這一關。他在美國表示，當時曾經做過豬槽的管理員❾。可以說他不但被打入牛棚，而且被打入豬圈了。

❼ 王寒操：「『現代王昭君』曹禺——出差美國」，聯合報，民國六十九年三月三十一日。

❽ 曹禺在大陸赤化後所寫第一個劇本是一九五四年的「明朗的天」，宣傳中共對知識分子的政策，被捧爲「全國第一屆話劇觀摩演出」劇本一等獎。第二個劇本是一九六一年寫成的歷史劇「膽劍篇」，此劇較具藝術價值，是他三十多年來的一個異數。正因此劇描寫勾踐復國的故事，文革期間，被指爲「替國民黨反攻大陸搖旗吶喊，製造輿論準備」。第三個劇本是一九七九年寫就的「王昭君」，此劇讚頌昭君和番的「革命外交」，被評爲「國策文學」。以上同註❼。

❾ 夏志清：「曹禺訪哥大紀實——兼評『北京人』」，聯合報，民國六十九年五月十二日。

曹禺復出後，重獲許多職位，也經常寫表態文章⑩。一九八一年他接受海外來人的訪問時指出，一時就有五篇應酬的稿子壓在頭上，事務性的酬酢也很繁忙，許多時間浪費掉，劇本的寫作仍在計畫中，但不知要寫什麼，題目也沒有，更談不上長遠的打算。「我現在幹的什麼，都報不了帳。就是這麼一個情況⑪」。巴金曾經寫信給曹禺，勸他少開會，少寫表態文章⑫，可是很難

⑩ 一九七七年二月出版的人民文學，刊出曹禺的新詩：「勝利的奠基」。他先形容毛澤東等人的死亡，使他「止不住的抽泣」，並特別悼念當年製造紅衞兵的毛澤東：「我們怎能沒有你！」然後歌頌「你辦事，我放心」，說是「一句話，光耀天際」，造成他「無比的激動，激動無比」！結尾說要跟着華國鋒「拿起錘，拿起鐮」，「去長征萬里」。

一九七七年五月三十一日，香港大公報刊出一篇「北京通訊」，透露曹禺要寫和四人幫鬪爭的劇本。他一面調查情況，掌握材料，一面構思，「有時睡夢中也出現劇中人物」，但此劇本迄今仍未完成。十月十二日，光明日報又發表了他稱頌「無產階級京劇革命」却批判江青的文章。十一月十五日，人民日報刊出他歌頌華國鋒、葉劍英和鄧小平的信稿，其中除了言必稱毛澤東外，並說：「我們，包括你，也不臭了，香起來了。」

一九七九年一月二十八日，人民日報又刊出曹禺的「向臺灣同胞拜年」，他在文中重彈「人代常委會」「告臺灣同胞書」的舊調，同時透露了「王昭君」是如此寫成的：「我個人剛剛完成話劇『王昭君』的創作，這是敬愛的周恩來總理生前交給我的任務。我領會周總理的意思，是要我歌頌我國各民族的團結。」

⑪ 彥樺：「訪問曹禺談文藝創作」，香港明報，一九八一年十月四日。

⑫ 巴金曾經寫信給曹禺，信中說：「希望你丢開那些雜事，多寫幾個戲，甚至寫一兩本小說（因爲你說你想寫一本小說）。我記得屠格涅夫患病垂危，在病榻上寫信給托爾斯泰，求他不要丢開文學創作，希望他繼續寫小說。我不是屠格涅夫，你也不是托爾斯泰，我又不曾躺在病床上。但是我要勸你多寫，多寫你自己多年來想寫的東西。你比我有才華，你是一個好的藝術家，我却不是。你得少開會，少寫表態文章，多給後人留一點東西，把你心靈中的寶貝全交出來，貢獻給我們社會主義祖國。……」見巴金：「毒草病」，收

收效。曹禺在美國停留的六週內，開會不斷，言談不少，但聽衆的反應如何？

一九八〇年三月底到四月初，曹禺多次在哥大等地與中美學者作家聚談。夏志清先生後來發表了紀實：「那時我卽要同曹禺道別了，初見面時那點反感早已化爲烏有，只覺得一個記憶力衰弱的老年人出差的可憐，他不善辭令，記性不好，得罪了我和我的好友；其他的舊雨新知，他得罪的一定更不知多少。這樣的欽差大臣，派出來有什麼用啊⓭！」

曹禺患心臟病已二十年，雙腿無力，站立走路時必須持手杖，加上耳朶又聾，出國開會訪問無異受苦。曹禺回大陸後，也覺得身體受不住⓮。不過，他在演講時仍盡力宣揚中共的政策，強烈指責四人幫，還說知識分子業已抬頭，新的百花齊放時代就要來臨，「推行四個現代化的中國，也卽是安定、團結、富足強大、愛好和平的中國」。在傳播這些官話的同時，曹禺却不得不承認，不少人受文革之害，至今心有餘悸，或已看破紅塵了。

四月七日晚間和次日下午，曹禺轉到哈佛大學做兩次演講，前場由「新英格蘭區中國討論會」主辦，後場由燕京學社主辦。他在兩次演講之間，還接受了臺灣留學生陳曉林、王若愚的訪問。

入隨想錄第一集，三三頁，三聯書店香港分店出版，一九八一年五月第三次印刷。

⓭ 同註❾。

⓮ 同註⓫。

曹禺在演講時指出，由於三十年代作家大多崛起於上海，而江青當時在上海的穢史連篇，所以待其掌權之後，唯恐受到這些老作家們的鄙視，或揭其底細，非將他們一一批鬪不可。曹禺自謂唯一的罪名，不過是劉少奇曾於觀賞「雷雨」後稱讚過一句「很深刻」，結果他在文革時就被打入「劉派黑幫」，先後抄家三次，書籍全部散失，妻子也被折磨而死⑮。

曹禺在接受訪問，答覆有關「歌德」與「缺德」之爭時表示，反映大陸社會眞相、哀慟數億生民疾苦的作品，不但爲當前情況所必需，同時也銜接了中國文學的傳統。曹禺這種觀點自屬極爲正確，但他三十多年來的實際表現，却與此番放言背道而馳。當他被進一步追問到，如何在大陸上保持文學批評的純正，而不致造成政治迫害的重演時，答覆就含混起來了。

訪問者又引據許多作品，指出此時的大陸文學，仍側重替被整的高幹伸寃，而罕有眞爲廣大百姓傾訴的現象。例如，「將軍，不要這樣做」的作者，就受到明顯的干擾。曹禺承認這些都是事實，但他認爲「遲早會改善」的。此外，他對魏京生等大陸青年民主運動者的表現，則似乎相當陌生。這一點，和巴金在法國的談話一樣，令人有「不見輿薪」之感。

訪問者的另一個問題，使曹禺刹那間表情黯淡下來：「目前，中國大陸已經承認毛澤東也會犯錯，而且他的錯誤幾乎已把數億生靈推入萬刼不復的境地，那麼，爲什麼還不承認馬列也只是人，也會犯錯誤，爲什麼還要堅持共產主義的道路？」面對這重大的質疑，他一時無法作答。

⑮ 陳曉林、王若愚：「在哈佛，會見曹禺」，中國時報，民國六十九年四月十七日。

曹禺身爲「人代會常委」，所以在哈佛的第一場演講結束時，不忘「向臺灣同胞說幾句話」，希望大家到大陸參觀。在接受留學生的訪問，答覆傷痕文學和民辦刋物的問題時，曹禺又說：「這些問題談不清楚，歡迎你們到大陸看看，百聞不如一見。」

或許受到訪問的影響，曹禺在第二場演講結束時，不再向臺灣同胞重彈舊調，而表示大陸必須民主、自由、法制，和以強大的輿論支持爲條件，文學與劇作才會有黃金時代的來臨。曹禺強調，他「相信」將來必會如此⑯。聽衆的感覺當是，他能提出這些條件，已屬難能可貴了。

四月中旬，曹禺轉赴印第安那大學訪問。十五日上午他和留學生們聚談，表示中國是最先進，但同時也是最落後的國家。經歷四人幫的破壞後，掌權者要急起直追之心是不難了解的，但任何制度，包括科技的運用操縱，却非一朝一夕即可駕馭。曹禺這樣替中共「緩頰」後，答覆留學生的詢問時却也承認，他不敢保證文革是否會重演，不過再來一次這樣的浩刼，中國也就完了。但他又表示對前途是「樂觀」的，因爲大陸現在已由「人治」演變到「法治」了⑰。

就像訪美的不少大陸作家一樣，曹禺的最後一站是舊金山。他在史丹佛大學演講時，又認爲大陸文藝空氣「一片大好」。莊因先生後來發表感想道：「作爲一個劇作家，對於中共整個文藝政策的框架，只能拿四人幫來作替罪羔羊，而不敢正面對否定人性，使人類尊嚴在卑賤奴役處境

⑯ 同註⑮。

⑰ 劉紹銘：「君自故鄉來——曹禺會見記」，明報月刊，一九八〇年六月號。

中被蹦割的事實仗義執言，我雖同情他的處境，却不免相當失望的⑱。」這種失望的感覺，正爲許多接待和訪問曹禺的國人所共具。此外，接待和訪問其他大陸作家的人士，不分國籍，多少也感到失望。巴金在法國的表現，就是另一實例。

四、巴金在法國

一九八一年九月，巴金以「中國筆會中心會長」的身分，到法國里昂參加第四十五屆世界筆會會議。前此，他曾於一九七九年訪問法國。距離一九二七到一九二九年間的留學時代，巴金再度赴法已是五十年後的事了。

上次訪法前夕，巴金收到巴黎文學雙週刊寄來的十四個問題，問及文學生涯、四個現代化、胡風、流沙河、蕭軍、鄧拓等。巴金無法招架，只好回信道：「老實說，我沒有本事回答你們的十四個問題。我只是一位作家，不是政府官員，也不是專職的文學領導⑲。」這次訪法，他也遭遇同樣的困窘。

⑱ 莊因：「一片氷心在玉壺——追記三十年代文壇四老訪美」，中國時報，民國七十年九月十日。

⑲ 劉志俠：「追求生命開花的巴金」，百姓半月刊十二期，一九八一年十一月十六日。

九月二十七日，法國世界報刊出漢學家貝羅貝訪問巴金的紀要⑳。巴金首先表示，他主張藝術是爲提高境界，寫文章不是爲了想成作家，而要把自己的思想感情寫出來，能够對大衆起些作用。「我就是這樣拿起筆來寫。對於如何運用技巧，如何運用文字，可能不大留意。」讀過巴金作品的人，當能同意這一點。正因爲如此，巴金同時表示，臺灣作家中他不喜歡白先勇，「爲技巧而技巧」。我們在此持平而論，白先勇的技巧如果太過，巴金就嫌不足了。

巴金覺得四人幫垮台後，大陸出現了不少好的中、青年作家，例如寫「人到中年」的諶容、寫「沒有航標的河流」的葉蔚林，寫「蝴蝶」的王蒙，寫「人妖之間」的劉賓雁。臺灣方面他讀得很少，覺得比較好的有王拓、陳映眞、柏楊。

貝羅貝接着提出了一連串令巴金頭痛的問題：

1. 有人說「懷念蕭珊」這篇作品，應該屬於四人幫垮臺後的傷痕文學，巴金是否認爲自己是傷痕文學的先驅？

2. 一九五七年九月，巴金曾經在人民日報上公開批判丁玲、馮雪峯。前兩年他撰文表示後悔，

⑳ 貝羅貝是法國語言學家兼漢學家。世界報刊出的是訪問摘要，全文則發表於香港百姓半月刊十一期，一九八一年十一月一日，題爲：「訪巴金談文學、論國事」。巴金在受訪時指出，四人幫垮臺以後，他有一個五年計畫，就是寫十三本書。其中翻譯五本，就是赫爾岑的回憶錄——往事與隨想；隨想錄五本；創作回憶錄一本；長篇小說兩本。

現在是否認爲批判會的時代已經過去了?

3.最近法國大家都在討論白樺事件，解放軍報對白樺的電影劇本「苦戀」展開猛烈批評，後來中共中央又發表了兩個文件，擴大這個批評。請問巴金對「苦戀」的看法如何?覺得是不是大毒草?在大陸時有沒有公開發表過意見?

4.巴金曾在隨想錄裏的一篇文章「五四六十周年」中寫着:「現在是四五運動英雄們的時代。在這代青年英雄的身上，寄託着我們的希望。」又寫着:「願他們不要再走我們走過的彎路。願他們取得徹底的勝利。」文章是一九七九年三月發表的。今天巴金覺得四五英雄走的路是否正確?現在有些參加四五運動的青年關在監獄裏，譬如魏京生、王希哲、路林、徐文立、劉青等，巴金是否覺得他們走了錯路?

5.有沒有看過魏京生的文章?

6.有人這樣理解，巴金曾經支持探索，寫了文章就叫「探索」，裏頭說:「從古以來，人類就在探索、探求、追求而且創新，從來沒有停止，當然也永不會停止。」又說:「任何時候都有些人不高興，不願意看見別人探索，也有些人不敢探索…。」等等。香港有些評論家認爲這是關於魏京生，因爲魏京生的雜誌就叫探索。

7.最近法國一位外交官的未婚妻在北京被抓起來，巴金知道這個消息嗎?面對這些問題，巴金無法拒絕答覆，只好這樣說:

1.他不承認這是傷痕文學。「我的看法不同。譬如說我的身體健康，只是體格檢查，發現了一些毛病，這個不叫傷痕。事實上，我的目的是要把毛病治好。如果專門爲了暴露傷痕，不醫治，不是爲了身體健康，這就是傷痕文學。但是，這樣的作家還是很少。」

巴金講完這些話時，在旁的中共隨員問貝羅貝「聽懂沒有」，還代爲重申兩句：「因爲暴露這些問題其目的只是爲了把身體治好，所以就不能叫傷痕文學。」

2.批判大會大概不再出現了，「不過，我也不能保證。至於我，是絕對不會參加這些大會的了，因爲讀者的眼睛在看着我，我不能讓他們失望。其他的我沒有看過，『假如我是眞的』看過一個稿子，我覺得這戲不好。是活報劇，不好的地方是藝術方面不行。我覺得這個戲再演下去，過一個時候就沒有人看了」。

3.對於白樺事件，巴金自稱在大陸時沒有發表過意見。「我沒看過這個劇本。我身體不好，事情又多，工作又忙。」

4.關於魏京生事件，巴金答道：「我對這個事情不了解。聽說魏京生牽涉到洩露國家機密。現在，青年問題比較複雜，有好的，有差的，青年中有各種思想。」

5.關於是否看過魏京生的文章？巴金說：「沒有，沒有！我一直住在上海。事情多得很，多得做不完。」

6.關於隨想錄中的「探索」文章，巴金回答：「當時我寫這篇文章，是一個澳大利亞人，叫白杰明，他用中文寫文章，在香港大公報發表。文章中提到探索。我就應他這個話寫一篇文章。魏京生的事情我一點不知道。後來審判，說他洩露國家機密。」

7. 法國外交官未婚妻被捕的消息，巴金表示「沒有」聽說。

我們綜觀巴金的答話，可知他已失去作家的勇氣，變成一個遇事畏懼的老人，隨着中共的政策而轉移，既不復當年，也非隨想錄裏強調的要「說眞話」了。例如中共原先爲聲討四人幫而鼓勵「傷痕」一類的文學出現時，巴金也熱烈響應，指責「討厭這些作品」的人，他在隨想錄中說：

——我很奇怪，究竟是我在做夢，還是別人在做夢？難道那十一年中間我自己的經歷全是虛假？難道文藝界遭受到的那一場浩刼只是幻景？四人幫垮台才只三年，就有人不高興別人控訴他們的罪惡和毒害。這不是健忘又是什麼！我們背後一大片垃圾還在散發惡臭、染汚空氣，就毫不在乎地丢開它、一味叫嚷「向前看」！好些人滿身傷口，難道不讓他們敷藥裹傷？

——「忘記！忘記！」你們喊吧，這難忘的十一年是沒有人能够忘記的。讓下一代人給它下結論、寫歷史也好。一定有人做這個工作。但爲什麼我們不可以給他們留一點眞實材料呢？我們爲什麼不可以把個人的遭遇如實地寫下來呢？難道爲了向前進，爲了向前看，我們就應當忘記過去的傷痛？就應當讓我們的傷口化膿㉑？

㉑ 巴金：「絶不會忘記」，收入隨想錄第一集，一五四頁——一五五頁。

由此可見，巴金在法國的論調，至少是「忘記」了自己一度的衷心之言，也規避了問者的重點所在。他前兩年還念玆在玆那一場浩刼，到巴黎後就強調「健康」了。今昔對照，巴金無異自我掌摑，態度判若兩人。

對於「假如我是眞的」劇本評價，巴金的說詞也前後不一。在隨想錄中，他兩度撰文肯定此劇的警世意義，指出「它鞭笞了不正之風，批判了特權思想，像一瓢涼水潑在大家發熱發昏的頭上，它的上演會起到好的作用」。巴金接着說：「劇本的名字叫『假如我是眞的……』，我對它的看法一直是這樣，我從沒有隱蔽過我的觀點。在北京出席第四次全國文代大會的時候我曾向領導同志提出要求：讓這個戲演下去吧。開會期間這個戲演過好幾場，有一次我在小轎車上同司機同志閒談，他忽然說看過這個戲，他覺得戲不錯，可以演下去㉒。」

㉒巴金：「再說小騙子」，收入探索集——隨想錄第二集，一一三頁，三聯書店香港分店出版，一九八一年四月第一版。巴金在本文中還說：「小騙子給抓住了，但是他不一定會認輸。我看他比我們聰明，我們始終糾纏在『家醜』、『面子』、『傷痕』等等之間的時候，他看到了本質的東西。不寫，不演，並不能解決問題。」

稍早，巴金先寫了一篇「小騙子」，表達了他對「假如我是眞的」一劇的看法：「關於話劇能不能公演的問題，倘使要我回答，我還是說：我沒有發言權。不過有人說話劇給幹部臉上抹黑，給社會主義臉上抹黑，我看倒不見得。騙子的出現不限於在上海一地，別省也有，他是從天上掉下來的嗎？倘使沒有產生他的土壤和氣候，他就出來不了。倘使在我們今天的社會風氣中他鑽不到空子，也就不會有人受騙。把他揭露出來，譴責他，這是一件好事，也就是爲了消除產生他的氣候、剷除產生他的土壤。如果有病不治，有瘡不上藥，連開後門，仗權勢等等也給裝扮如何『美好』，拿『家醜不可外揚』這句封建古話當作處世格言，不讓人揭自己的瘡疤，這樣下去，不但是給社會主義抹黑，而且是在挖社會主義的牆脚。」此文亦收入探索集——隨想錄第二集，八頁。

巴金不僅同情劇中的小騙子，也同情受騙的人，認爲應受譴責的是大陸社會風氣。「假如我是眞的」搬上舞台後，叫好又叫座，但中共不久果如巴金原先所料，感到家醜不可外揚，於是勒令該劇停演，劇本的作者們也受到批判。巴金在法國不提中共的善變，反而改口說「這戲不好」，理由是「藝術方面不行」，却忘記自己在接受訪問時一開始就強調，寫作在能對大衆起作用，文字和技巧尙屬其次。巴金在隨想錄的「探索之三」中甚至曾經說過這樣的話：「藝術的最高境界，是眞實，是自然，是無技巧㉓。」衆所共見，「假如我是眞的」一劇可謂眞實自然。巴金後來對該劇的打擊，不啻否定了自己的藝術觀。

巴金參加國際筆會四十五屆大會有一個目的，就是向各國進行反蘇統戰。他在會上發言道：「國際間的安寧是各民族文學和世界文學繁榮的先決條件。我們不能無視今天天邊升起的烏雲。我們要反對霸權主義的侵略，我們要維護世界和平，這樣才有可能認眞談論世界文學這個美好的題目㉔。」單就這段話來說，巴金算是不辱訓令了。

巴金返回大陸不久，就當選爲「中國作家協會」的主席。我們不免想起，他曾對世界報記者說過：「我準備推掉一些職務，以便有更多時間寫作㉕。」我們同時想起，巴金要曹禺少花時間

㉓ 巴金：「探索之三」，收入探索集——隨想錄第二集，四七頁。
㉔ 據「新華社」里昂電，見香港大公報，一九八一年九月二十四日。
㉕ 同註⑲。

在表態上，他自己在法國又如何呢？

五、丁玲在美加

一九八二年一月初，「中國作家協會副主席」丁玲和其夫陳明，結束了歷時四個月的美國、加拿大之行，返回大陸。他們是應愛荷華大學國際寫作中心之邀訪美，應加拿大文化理事會之邀訪加的，並訪問了兩國的許多城市和大學。

丁玲從延安時期起，就飽受中共的批判和折磨，囚禁勞改，歷時多年。其中五十年代的「丁陳反黨集團」事件時，前述周揚、曹禺、巴金等人，都曾在鬪爭會上攻擊過丁玲㉖。從一九五七

㉖ 一九四二年三月九日，丁玲在她主編的延安解放日報副刊上發表「三八節有感」一文，批評「革命聖地」的黑暗無情，種下了她被長期清算之根。一九五五年，中共的「作家協會」舉行過十六次黨內整風會議，認定丁玲的四大罪狀：1.拒絕黨的領導和監督，違抗黨的方針、政策和指示。2.違反黨的原則，進行感情拉攏，以擴大反黨小集團的勢力。3.玩弄兩面派的手法，挑撥離間，破壞黨的團結。4.提倡個人崇拜，散播資產階級個人主義思想。

丁玲面對這些罪狀，不肯認錯，因此引起一九五七年的大批鬪，歷時三月餘，開會二十七次，她終被開除黨籍，罰在北平的作家協會擦地板。鬪爭期間，除了操刀的郭沫若、周揚外，老舍、茅盾、鄭振鐸、謝冰心、巴金、曹禺、馮至、吳祖緗、卞之琳、陳白塵等人，都對丁玲落井下石。以上引見朱介凡：大陸文藝世界懷思，二一一——二六頁，臺灣商務印書館印行，民國六十九年六月二版。

年起，她被剝奪了二十二年的自由，直到一九七九年才獲平反，已屆頭髮灰白的七五高齡了。」

丁玲遭到共產黨的長期迫害，但仍「九死不悔」。一九八一年六月，她在中共成立六十周年的前夕發表感想，說是共產黨給了她對生活的堅強信念，並且說：「我從來沒有見過中國歷史上有哪一個政黨，能像中國共產黨那樣強有力地發動了羣衆，能夠像中國共產黨那樣把自己的主張和缺點、錯誤公開地告訴人民㉗。」對於帶給大陸億萬人民浩刼，至今還強調四個堅持的中共，她曲意維護，一至於此。稍早，丁玲還表示到美國不是去寫文章，也非遊山玩水，而是「要向美國朋友介紹中國的文藝界，使他們了解中國的文藝界㉘」。由此可知，丁玲此行負有正式的任務。中共駐美「大使」柴澤民也曾為丁玲夫婦的到訪擧行酒會，有美國作家等近百人出席。

在參加過愛荷華大學國際寫作中心擧辦的「中國周末」等活動後，丁玲於一九八一年十一月二日在安娜堡，應密西根大學中國研究中心之邀，以「中國的文學與社會：今日作家的境遇」為題，發表即席演講。她強調政治是文學的生命，同時非議浪漫文學的作品，因為它「與人民無關」。這一點，丁玲無異否定了自己早年的表現。

一九五八年丁玲到北大荒勞改，主要的工作是養鷄。一位美國記者曾去訪問她，表示感慨作家受到這種非人的待遇。丁玲却說：「我是共產黨員，先有共產黨員，然後才有作家。」這些話

㉗ 香港大公報，一九八一年六月二十九日。

㉘ 香港大公報，一九八一年六月二十一日。

像是毛澤東延安文藝講話的翻版，她却忘記自己當時已被中共開除了黨籍。西方人覺得一個作家封筆養鷄，未免浪費時間，丁玲却說：「養鷄有什麼不對，這也是一件很偉大的工作——雖然鷄並不偉大。」後面這句話，引得聽講者捧腹㉙。

丁玲也承認，五十年代所受的侮辱，使她喪失了人的尊嚴，但認爲施辱者只是一小撮的派系，而共產黨是「全人民的黨」，會支持她的。到了文革時期，她又安慰自己：「四人幫不是共產黨」。丁玲這種逃避事實的心情，也表現在演講會上。例如她既強調可以自由寫作，又說沒時間動筆；既表示大陸文壇容許百花齊放，又說要爲集體着想㉚。凡此言論，顯示她在回答問題時的無力。

一九八一年十一月六日，丁玲抵達紐約，到哥倫比亞大學演講，又參加中國作家們的聚會。她除了再度提到「先是黨員，再是作家」外，還認爲共產黨裏極左勢力造成了黨與國家的極大損傷，相形之下，個人的災難「不足爲道」，但共產黨能「勇於認錯，眞了不起」。這種辭令，與她在大陸時對「新華社」記者所說的一樣。演講結束前，並爲「中美人民」的友誼長春說了話。在中國作家的聚會上，丁玲致詞道：「我不是文學家，而是宣傳家」。大家都知道，宣傳不一定是文學。丁玲此語不知是自謙，還是有自知之明？像曹禺在美國時一樣，她宣揚大陸的寫作

㉙ 曹俊漢：「安娜堡聽丁玲話滄桑」，中國時報，民國七十年十一月十三日。

㉚ 同註㉙。

環境「大好」，但傷痕文學的時期「已過」，作家應塑造「堅強積極」的人物㉛。或基於此，她在哥大答問時曾經間接指出，看過白樺作品的就可以知道，中共何以對他採取那樣的態度了。

丁玲爲中共的政策辯護，也時常提醒聽衆她是共產黨員，以自己信仰來證明共產黨「一貫正確」。她在哥大說：「如果共產黨隨便殺人關人，殘暴成性，青面獠牙，共產共妻，我爲什麼還要信仰他、跟從他？難道我們都是傻瓜？不知好歹㉜？」這段話企圖以現在罕爲人使用的「青面獠牙」、「共妻」等詞，冲淡「共產黨隨便殺人關人，殘暴成性」的實情，好替中共和她本人開脫。

十一月十四日，丁玲來到喬治華盛頓大學演講，提到獲得平反後回北平，覺得很不習慣，到處都是牆，不像北大荒那樣一望無際。「北京多天也冷，可是冷得不過癮，不够味，要像北大荒那麼冷才帶勁！你們知道我們在北大荒因爲風大，都必須彎着身子走路？這就叫有鬭爭才能前進㉝！」丁玲說這些話，或許出於好勝，但也想冲淡勞改營的辛酸，令我們想起魯迅的名言：「將屠戶的凶殘化爲一笑。」她在美國和加拿大的所有演講，都爲化解共產黨予人的凶殘印象而努力，然而效果如何？

㉛ 叢甦：「自莎菲到杜晚香——丁玲在紐約」，聯合報，民國七十年十二月三十日。

㉜ 羅子：「丁玲在紐約」，中央日報，民國七十一年一月十一日。

㉝ 劉必榮：「記丁玲華府演講」，中國論壇一四九期，民國七十年十二月十日。

在喬治華盛頓大學演講要結束時，有人請丁玲比較一下，一九四九年前後對文藝狀況的看法與期望。面對這個問題，她表現出不悅：「我只是作家，不是理論家，我不回答。」丁玲此舉令在場的人驚訝，也使我們想起了巴金的同樣作風。

丁玲在加拿大訪問期間，談到這次北美之行的感想，最令她「嘆息」的，是大家「對中國的不了解」。每次演講或座談會，她要一而再、再而三，同時要極耐煩地答覆類似的問題㉞。被問到最多的，當然是大陸作家的創作自由問題。丁玲回答道：「假如沒有自由，我能到你們國家來訪問嗎？」其實丁玲身為「歌德派」，出國訪問正是中共在一石數鳥之考慮下同意的。

丁玲感到最不能忍受的，就是大陸來人在海外批評中共。她說：「這些人，如果沒有國家、沒有黨的培養，能夠有今天嗎？文革時期，連黨的領袖如劉少奇、賀龍等都不能倖免於難，還有什麼好怨的呢㉟？」就這樣「閒話一句」，把共產黨造成的災難、刼後餘生者的控訴，甚至寃案錯案等都一筆勾消了。丁玲此語較之當權派，似乎還要赤裸。

她在海外又多次被問到白樺事件。陳明曾經在紐約代為回答：「丁玲在一九五七年受打擊的

㉞ 文釗：「丁玲在加拿大」，香港文滙報，一九八一年十二月二十七日。

㉟ 同註㉞。

時候，名氣比白樺大得多，沒有人爲她辯白。我們現在是雙百政策，白樺絕沒問題㊱！」這段話只有最後兩句才是正題，但也禁不起短暫時間的考驗。丁玲的答覆則是：「諸位都是在西方社會裏生長的，情況比我清楚，你們相信一個藝術家可能在一夜之間成名嗎？假如不可能，那麼要求白樺修改自己的文章又有什麼錯㊲？」這段話隱瞞了大家都知道的事：白樺不但被迫修改作品，而且在軍區大會上多次自我檢討，最後書面公開認錯，還要向操刀者「致謝」。丁玲對這一切，却如此輕描淡寫：「允許文學批評是學術上的研究過程之一，到了中國，一有文學批評，就被人認爲是創作不自由了。」

一九八二年三月，丁玲回到大陸後未久，在「一九八一年全國優秀短篇小說發獎大會」上致詞。她總結了自己長期創作的經驗，「殷切希望」青年作家加強馬克思主義的學習，思想感情一定要符合黨的要求㊳……。

六、結論

我們從上述代表性作家的海外表現，可以證明中共願望的失落。這些在國民黨治理時期成名

㊱ 同註㉛。
㊲ 同註㉞。
㊳ 人民日報，一九八二年三月二十三日。

的作家，數十年來受到共產黨的迫害，此次出國訪問雖仍力圖達成任務，做「魔鬼的辯護士」，但無人可謂成功。面對留學生的詢問時，他們都無法稱職，引起普遍的失望。

大陸作家的海外行如有收獲，那就是滿足了不少人對三十年代的好奇心，並換得一些同情和感慨。至於爭取海外華人對中共的認同方面，則因近年來中共對四人幫等事件的自暴其醜，和老作家們的心勞力絀，以致交了白卷。

我們再舉巴金和丁玲談話的各一例，說明他們的海外任務可能收到反效果。巴金否認在大陸時對白樺事件發表過意見，其實就在他出國的前四個月，卽指出白樺的「苦戀」不太壞，不可用簡單粗暴的辦法傷害作家，損害文藝事業，「在這方面，我們有足够的令人難忘的教訓[39]」。言猶在耳，他一出國就忘了這段公開的談話。

丁玲在紐約也公然說：「中共從來不控制作家，只是管制作家。作家不管制怎麼行[40]？」是的，從王實味到老舍，都被「管制」得失去了生命，胡風被「管制」成精神病患，魏京生也在獄中接受「管制」。在丁玲的口中，這些都是「德政」了。大陸作家在海外答問的失敗，使我們想起「誠實爲上策」這句西諺來。

[39] 施君玉：「棒打文藝作品之不得人心」，香港大公報，一九八一年五月二十七日。
[40] 同註[32]。

滄海叢刊已刊行書目(八)

書名	作者	類別
文學欣賞的靈魂	劉述先	西洋文學
西洋兒童文學史	葉詠琍	西洋文學
現代藝術哲學	孫旗譯	藝術
音樂人生	黃友棣	音樂
音樂與我	趙琴	音樂
音樂伴我遊	趙琴	音樂
爐邊閒話	李抱忱	音樂
琴臺碎語	黃友棣	音樂
音樂隨筆	趙琴	音樂
樂林蓽露	黃友棣	音樂
樂谷鳴泉	黃友棣	音樂
樂韻飄香	黃友棣	音樂
樂圃長春	黃友棣	音樂
色彩基礎	何耀宗	美術
水彩技巧與創作	劉其偉	美術
繪畫隨筆	陳景容	美術
素描的技法	陳景容	美術
人體工學與安全	劉其偉	美術
立體造形基本設計	張長傑	美術
工藝材料	李鈞棫	美術
石膏工藝	李鈞棫	美術
裝飾工藝	張長傑	美術
都市計劃概論	王紀鯤	建築
建築設計方法	陳政雄	建築
建築基本畫	陳榮美 楊麗黛	建築
建築鋼屋架結構設計	王萬雄	建築
中國的建築藝術	張紹載	建築
室內環境設計	李琬琬	建築
現代工藝概論	張長傑	雕刻
藤竹工	張長傑	雕刻
戲劇藝術之發展及其原理	趙如琳譯	戲劇
戲劇編寫法	方寸	戲劇
時代的經驗	汪琪 彭家發	新聞
大衆傳播的挑戰	石永貴	新聞
書法與心理	高尚仁	心理

滄海叢刊已刊行書目(七)

書名	作者	類別
印度文學歷代名著選(上)(下)	糜文開編譯	文學
寒山子研究	陳慧劍	文學
魯迅這個人	劉心皇	文學
孟學的現代意義	王支洪	文學
比較詩學	葉維廉	比較文學
結構主義與中國文學	周英雄	比較文學
主題學研究論文集	陳鵬翔主編	比較文學
中國小說比較研究	侯健	比較文學
現象學與文學批評	鄭樹森編	比較文學
記號詩學	古添洪	比較文學
中美文學因緣	鄭樹森編	比較文學
文學因緣	鄭樹森	比較文學
比較文學理論與實踐	張漢良	比較文學
韓非子析論	謝雲飛	中國文學
陶淵明評論	李辰冬	中國文學
中國文學論叢	錢穆	中國文學
文學新論	李辰冬	中國文學
離騷九歌九章淺釋	繆天華	中國文學
苕華詞與人間詞話述評	王宗樂	中國文學
杜甫作品繫年	李辰冬	中國文學
元曲六大家	應裕康 王忠林	中國文學
詩經研讀指導	裴普賢	中國文學
迦陵談詩二集	葉嘉瑩	中國文學
莊子及其文學	黃錦鋐	中國文學
歐陽修詩本義研究	裴普賢	中國文學
清真詞研究	王支洪	中國文學
宋儒風範	董金裕	中國文學
紅樓夢的文學價值	羅盤	中國文學
四說論叢	羅盤	中國文學
中國文學鑑賞舉隅	黃慶萱 許家鸞	中國文學
牛李黨爭與唐代文學	傅錫壬	中國文學
增訂江皋集	吳俊升	中國文學
浮士德研究	李辰冬譯	西洋文學
蘇忍尼辛選集	劉安雲譯	西洋文學

滄海叢刊已刊行書目(六)

書名	作者	類別
卡薩爾斯之琴	葉石濤	文學
青囊夜燈	許振江	文學
我永遠年輕	唐文標	文學
分析文學	陳啓佑	文學
思想起	陌上塵	文學
心酸記	李喬	文學
離訣	林蒼鬱	文學
孤獨園	林蒼鬱	文學
托塔少年	林文欽編	文學
北美情逅	卜貴美	文學
女兵自傳	謝冰瑩	文學
抗戰日記	謝冰瑩	文學
我在日本	謝冰瑩	文學
給青年朋友的信(上)(下)	謝冰瑩	文學
冰瑩書柬	謝冰瑩	文學
孤寂中的廻響	洛夫	文學
火天使	趙衛民	文學
無塵的鏡子	張默	文學
大漢心聲	張起鈞	文學
回首叫雲飛起	羊令野	文學
康莊有待	向陽	文學
情愛與文學	周伯乃	文學
湍流偶拾	繆天華	文學
文學之旅	蕭傳文	文學
鼓瑟集	幼柏	文學
種子落地	葉海煙	文學
文學邊緣	周玉山	文學
大陸文藝新探	周玉山	文學
累廬聲氣集	姜超嶽	文學
實用文纂	姜超嶽	文學
林下生涯	姜超嶽	文學
材與不材之間	王邦雄	文學
人生小語(一)(二)	何秀煌	文學
兒童文學	葉詠琍	文學

滄海叢刊已刊行書目(五)

書名	作者	類別
中西文學關係研究	王潤華	文學
文開隨筆	糜文開	文學
知識之劍	陳鼎環	文學
野草詞	韋瀚章	文學
李韶歌詞集	李韶	文學
石頭的研究	戴天	文學
留不住的航渡	葉維廉	文學
三十年詩	葉維廉	文學
現代散文欣賞	鄭明娳	文學
現代文學評論	亞菁	文學
三十年代作家論	姜穆	文學
當代臺灣作家論	何欣	文學
藍天白雲集	梁容若	文學
見賢集	鄭彥茶	文學
思齊集	鄭彥茶	文學
寫作是藝術	張秀亞	文學
孟武自選文集	薩孟武	文學
小説創作論	羅盤	文學
細讀現代小説	張素貞	文學
往日旋律	幼柏	文學
城市筆記	巴斯	文學
歐羅巴的蘆笛	葉維廉	文學
一個中國的海	葉維廉	文學
山外有山	李英豪	文學
現實的探索	陳銘磻 編	文學
金排附	鍾延豪	文學
放鷹	吳錦發	文學
黃巢殺人八百萬	宋澤萊	文學
燈下燈	蕭蕭	文學
陽關千唱	陳煌	文學
種籽	向陽	文學
泥土的香味	彭瑞金	文學
無緣廟	陳艷秋	文學
鄉事	林清玄	文學
余忠雄的春天	鍾鐵民	文學
吳煦斌小説集	吳煦斌	文學

滄海叢刊已刊行書目(四)

書名	作者	類別
歷史圈外	朱桂	歷史
中國人的故事	夏雨人	歷史
老臺灣	陳冠學	歷史
古史地理論叢	錢穆	歷史
秦漢史	錢穆	歷史
秦漢史論稿	刑義田	歷史
我這半生	毛振翔	歷史
三生有幸	吳相湘	傳記
弘一大師傳	陳慧劍	傳記
蘇曼殊大師新傳	劉心皇	傳記
當代佛門人物	陳慧劍	傳記
孤兒心影錄	張國柱	傳記
精忠岳飛傳	李安	傳記
八十憶雙親 師友雜憶 合刋	錢穆	傳記
困勉強狷八十年	陶百川	傳記
中國歷史精神	錢穆	史學
國史新論	錢穆	史學
與西方史家論中國史學	杜維運	史學
清代史學與史家	杜維運	史學
中國文字學	潘重規	語言
中國聲韻學	潘重規 陳紹棠	語言
文學與音律	謝雲飛	語言
還鄉夢的幻滅	賴景瑚	文學
葫蘆・再見	鄭明娳	文學
大地之歌	大地詩社	文學
青春	葉蟬貞	文學
比較文學的墾拓在臺灣	古添洪 陳慧樺 主編	文學
從比較神話到文學	古添洪 陳慧樺	文學
解構批評論集	廖炳惠	文學
牧場的情思	張媛媛	文學
萍踪憶語	賴景瑚	文學
讀書與生活	琦君	文學

滄海叢刊已刊行書目㈢

書名	作者	類別
不疑不懼	王洪鈞	教育
文化與教育	錢穆	教育
教育叢談	上官業佑	教育
印度文化十八篇	糜文開	社會
中華文化十二講	錢穆	社會
清代科舉	劉兆璸	社會
世界局勢與中國文化	錢穆	社會
國家論	薩孟武譯	社會
紅樓夢與中國舊家庭	薩孟武	社會
社會學與中國研究	蔡文輝	社會
我國社會的變遷與發展	朱岑樓主編	社會
開放的多元社會	楊國樞	社會
社會、文化和知識份子	葉啓政	社會
臺灣與美國社會問題	蔡文輝 蕭新煌 主編	社會
日本社會的結構	福武直 著 王世雄 譯	社會
三十年來我國人文及社會科學之回顧與展望		社會
財經文存	王作榮	經濟
財經時論	楊道淮	經濟
中國歷代政治得失	錢穆	政治
周禮的政治思想	周世輔 周文湘	政治
儒家政論衍義	薩孟武	政治
先秦政治思想史	梁啓超原著 賈馥茗標點	政治
當代中國與民主	周陽山	政治
中國現代軍事史	劉馥 著 梅寅生 譯	軍事
憲法論集	林紀東	法律
憲法論叢	鄭彥棻	法律
師友風義	鄭彥棻	歷史
黃帝	錢穆	歷史
歷史與人物	吳相湘	歷史
歷史與文化論叢	錢穆	歷史

滄海叢刊已刊行書目(二)

書名	作者	類別
語言哲學	劉福增	哲學
邏輯與設基法	劉福增	哲學
知識·邏輯·科學哲學	林正弘	哲學
中國管理哲學	曾仕强	哲學
老子的哲學	王邦雄	中國哲學
孔學漫談	余家菊	中國哲學
中庸誠的哲學	吴怡	中國哲學
哲學演講錄	吴怡	中國哲學
墨家的哲學方法	鍾友聯	中國哲學
韓非子的哲學	王邦雄	中國哲學
墨家哲學	蔡仁厚	中國哲學
知識、理性與生命	孫寶琛	中國哲學
逍遥的莊子	吴怡	中國哲學
中國哲學的生命和方法	吴怡	中國哲學
儒家與現代中國	韋政通	中國哲學
希臘哲學趣談	鄔昆如	西洋哲學
中世哲學趣談	鄔昆如	西洋哲學
近代哲學趣談	鄔昆如	西洋哲學
現代哲學趣談	鄔昆如	西洋哲學
現代哲學述評(一)	傅佩榮譯	西洋哲學
懷海德哲學	楊士毅	西洋哲學
思想的貧困	韋政通	思想
不以規矩不能成方圓	劉君燦	思想
佛學研究	周中一	佛學
佛學論著	周中一	佛學
現代佛學原理	鄭金德	佛學
禪話	周中一	佛學
天人之際	李杏邨	佛學
公案禪語	吴怡	佛學
佛教思想新論	楊惠南	佛學
禪學講話	芝峯法師譯	佛學
圓滿生命的實現(布施波羅蜜)	陳柏達	佛學
絶對與圓融	霍韜晦	佛學
佛學研究指南	關世謙譯	佛學
當代學人談佛教	楊惠南編	佛學

滄海叢刊已刊行書目(一)

書名	作者	類別
國父道德言論類輯	陳立夫	國父遺教
中國學術思想史論叢 (一)(二)(三)(四)(五)(六)(七)(八)	錢穆	國學
現代中國學術論衡	錢穆	國學
兩漢經學今古文平議	錢穆	國學
朱子學提綱	錢穆	國學
先秦諸子繫年	錢穆	國學
先秦諸子論叢	唐端正	國學
先秦諸子論叢（續篇）	唐端正	國學
儒學傳統與文化創新	黃俊傑	國學
宋代理學三書隨劄	錢穆	國學
莊子纂箋	錢穆	國學
湖上閒思錄	錢穆	哲學
人生十論	錢穆	哲學
晚學盲言	錢穆	哲學
中國百位哲學家	黎建球	哲學
西洋百位哲學家	鄔昆如	哲學
現代存在思想家	項退結	哲學
比較哲學與文化(一)(二)	吳森	哲學
文化哲學講錄(一)(二)(三)(四)	鄔昆如	哲學
哲學淺論	張康譯	哲學
哲學十大問題	鄔昆如	哲學
哲學智慧的尋求	何秀煌	哲學
哲學的智慧與歷史的聰明	何秀煌	哲學
內心悅樂之源泉	吳經熊	哲學
從西方哲學到禪佛教 —「哲學與宗教」一集—	傅偉勳	哲學
批判的繼承與創造的發展 —「哲學與宗教」二集—	傅偉勳	哲學
愛的哲學	蘇昌美	哲學
是與非	張身華譯	哲學